La Cuarta Dimensión

David Yonggi Cho

LA CUARTA DIMENSIÓN
Edición en español publicada por
Editorial Vida – 1981
Miami, Florida

©1981 por Editorial Vida

Publicado en inglés con el título:
    The Fourth Dimension
    Por David Yonggi Cho

Diseño de cubierta: *Gustavo Camacho*

RESERVADOS TODOS LOS DERECHOS.

ISBN: 978-0-8297-0994-0

CATEGORÍA: Vida cristiana / Inspiración

IMPRESO EN ESTADOS UNIDOS DE AMÉRICA
PRINTED IN THE UNITED STATES OF AMERICA

INDICE

DEDICATORIA

Este libro está dedicado a los muchos que
...buscando...
...escudriñando...
...y luchando...
tratan de hallar un camino consecuente de fe para su
vida cristiana, y de andar por él...

Prefacio

La primera vez que vi al doctor David Yonggi Cho fue en 1958, poco después de que él comenzara su primera obra entre la gente pobre de Seúl, Corea. Desde ese tiempo en adelante, el doctor Cho ha demostrado ser un hombre sobre quien reposa la poderosa mano del Altísimo, un hombre de fe y visión, uno de los más precioso siervos de Dios, y el pastor de la iglesia evangélica más grande del mundo.

La iglesia del pastor Cho, la Iglesia del Evangelio Completo de Yoido, ha triplicado su membresía en los últimos tres años, teniendo en este momento más de 55.000 miembros activos. El ministerio mundial de esta iglesia es conocido como *Crecimiento de la Iglesia Internacional*, ministerio que fue establecido para organizar seminarios con el propósito de entrenar pastores y líderes de iglesias, en toda la redondez de la tierra, en los principios bíblicos y prácticos que rigen el crecimiento de las iglesias. Dios ha revelado estos principios, no sólo para la gran iglesia del pastor Cho, sino para los miles de otras iglesias en todo el mundo.

Los capítulos de este libro han sido preparados sobre la base de unas conferencias especiales que el doctor Cho pronunció en el *Southeastern College*. El doctor Cho, con su visión característica, vio a sus oyentes, no como meros estudiantes de un colegio evangélico, sino como los líderes de las iglesias del mañana. Y con esta solemne responsabilidad habló abiertamente acerca de sus más profundas experiencias personales.

Este libro provee verdades vitales, no sólo al pastor y líder de la iglesia, sino también a cada hombre y cada mujer, miembros activos del Cuerpo de Cristo. Es una guía espiritual para cada cristiano que ansía tener éxito en su vida cristiana. Escrito en el inimitable y fresco estilo oriental del doctor Cho, yo recomiendo calurosamente este libro a todo lector.

John W. Houston
Vice presidente
Church Growth International

Febrero de 1978

Capítulo
1

INCUBACION: UNA LEY DE LA FE

Dios nunca producirá ninguna de sus grandes obras en su vida, a menos que la realice por medio de la fe suya, su fe personal. Se tiene por concedido que usted tiene fe, porque la Biblia dice que Dios ha dado a todos y cada uno de nosotros una medida de fe. Usted debe tener algo de fe, sea que la sienta o no. Hay veces que trata de sentirla, pero cuando realmente necesite de ella, la fe va a estar allí. Va a estar allí para que usted la use. Pasa lo mismo que con sus dos brazos, que cuando usted los necesita, los usa. Sencillamente, los mueve y los pone en uso. Yo no necesito sentir que mis brazos están colgando de mis hombros para saber que los tengo.

Sin embargo, hay ciertos modos y maneras en que la fe obra, y lo liga y relaciona a usted con su Padre celestial, que habita dentro de usted. La Biblia dice que la fe es la sustancia de las cosas que se esperan, una sustancia que tiene una primera etapa de desarrollo —de incubación— antes que pueda ser usada completa y efectivamente. Usted puede preguntarse ahora: ¿Cuáles son, entonces, los elementos que pueden hacer usable mi fe? Hay cuatro procesos básicos en la incubación.

Primero, para poder usar su fe usted debe tener una clara visión de su objetivo. La fe es la sustancia de las cosas — cosas claramente nítidas — que se esperan. Si usted tiene sólo una vaga idea de lo que desea, entonces está fuera de ese toque Unico que es el que puede responder a su oración. Imprescindiblemente, usted debe tener una meta bien clara y definida. Yo aprendí esta lección en una manera muy particular. Había estado en el ministerio pastoral durante algunos meses, y en cuanto a cosas materiales se refiere, no tenía absolutamente nada. Estaba soltero todavía, y vivía solo en una pequeña pieza. No tenía escritorio, ni silla, ni cama. Dormía en el suelo, comía en el suelo, estudiaba en el suelo. Y tenía que caminar kilómetros y kilómetros cada día, para poder ganar algunas almas.

Pero un día, mientras estaba leyendo la Biblia, quedé tremendamente impresionado por las promesas de Dios. La Biblia decía que si yo tan sólo pusiera mi fe en Jesús, orando en su nombre, podía recibir cualquier cosa que pidiera.

De modo que entonces oré diciendo: — Padre, ¿por qué un hijo del Rey de reyes y Señor de señores, tiene que vivir sin cama, sin escritorio y sin una silla, y caminar kilómetros y kilómetros cada día? Por lo menos, podría tener un escritorito muy humilde, y una sillita en qué sentarme, y una humilde bicicleta para salir a hacer visitas.

Sentía que, de acuerdo a las Escrituras, podía pedir esas cosas al Señor. Me puse de rodillas y oré fervorosamente: — Padre, ahora estoy orando. Por favor, te pido que me mandes un escritorio, una silla y una bicicleta.

Puse toda mi fe en el pedido, y di gracias a Dios.

A partir de ese momento comencé a esperar diariamente el envío de esas cosas. Pasó un mes, y no obtuve ninguna respuesta. Luego pasaron dos, tres, cuatro, cinco, seis meses, y todavía seguía esperando. Un día, era un día gris y lluvioso, caí en una depresión profunda. No tenía comida para esa noche, y estaba hambriento, cansado y hundido. *Comencé a lamentarme.* Señor, te he pedido un escritorio, una bicicleta y una silla varios meses atrás, pero no me has concedido todavía ninguna de estas cosas. Tú ves que estoy predicando el evangelio entre esta gente tan miserable de este barrio tan pobre. ¿Cómo puedo pedirle a ellos que ejerciten su fe, cuando no puedo practicarla ni para mí mismo? ¿Cómo puedo pedirle a ellos que pongan su fe en el Señor, y que vivan sólo de la Palabra, y no de pan?

— Padre mío, estoy desalentado realmente. No estoy muy seguro de ello, pero sé que no puedo negar la Palabra de Dios. La Palabra debe ser firme, y estoy seguro que habrás de responderme, pero no sé cuando, o cómo. Si vas a contestar mis oraciones después que me haya muerto, ¿qué provecho tendrá para mí? Si vas a contestar mi oración en vida, Señor, ¡que sea pronto!

Luego me senté y empecé a llorar. Al poco rato experimenté una gran serenidad. Una profunda tranquilidad invadió mi alma. Siempre que he tenido la misma clase de sentimientos, o sea un sentido real de la presencia de Dios, él siempre me ha hablado. De modo que esperé. Entonces resonó en mi alma una voz quieta y pausada, y el Espíritu me dijo: — Hijo mío, he escuchado tu oración hecha largo tiempo atrás.

Yo exclamé abruptamente: — ¡Entonces! ¿dónde están mi escritorio, mi silla y mi bicicleta?

El Espíritu me volvió a decir: — Este es el problema contigo, y con casi todos mis hijos que me piden cosas. Ellos me ruegan, demandan cosas de mí, pero me piden en términos tan vagos que nunca les puedo responder. ¿No sabes tú que hay docenas de escritorios diferentes, y muchas clases de sillas, y muchas marcas de bicicletas? Tú me pediste vagamente "un escritorio, una silla y una bicicleta". Nunca me pediste algo bien específico.

Este fue uno de los puntos críticos de mi vida. Ningún profesor del instituto bíblico me había enseñado tal cosa. Yo había cometido un error, y esto resultaba ahora un despertar para mí.

Siempre en oración le dije al Señor: —Señor, ¿tú quieres que ore en términos específicos? El Señor me guió a recordar Hebreos 11:1 "Es, pues, la fe la certeza de lo que se espera — cosas bien específicas — la convicción de lo que no se ve".

Me arrodillé de nuevo y seguí orando: —Padre, lo siento. He cometido un error grave, y no te he comprendido. Cancelo todas mis oraciones anteriores. Voy a empezar de nuevo.

De modo que le di al Señor el tamaño del escritorio, el cual tenía que ser de caoba de las Filipinas. Le pedí la mejor clase de silla para escritorio, una que tuviera ruedítas en las patas, así podría correrme de un lado al otro con sólo dar un empujón con el pie.

Luego le hablé de la bicicleta. Y por cierto que puse mucha consideración en el pedido, porque en Corea hay muchas marcas de bicicletas: Coreanas, japonesas, formoseñas, alemanas. Pero en esos días las bicicletas fabricadas en Corea o en Japón eran muy livianas, y yo deseaba una que fuera bien fuerte, maciza. Y como las bicicletas de fabricación americana son muy buenas, oré diciendo, — Señor, quiero una bicicleta "made in U.S.A." que tenga cambio de velocidades, así puedo regular la velocidad cuando ande subiendo o bajando cuestas.

Ordené estas cosas en términos tan precisos que el Señor no podría tener ninguna dificultad, ni cometer ningún error al remitirlas. Sentí como la fe fluía de mi corazón, y me regocijé en el Señor. Esa noche dormí como un niño.

Pero cuando desperté a las cuatro y media de la mañana para mi habitual período de oración, noté que mi corazón estaba vacío. La noche antes había tenido toda la fe del mundo, pero parecía que, mientras dormía, toda la fe se me había evaporado. No sentía nada en mi corazón. Dije: —Padre, esto es terrible. Una cosa es tener fe, y otra cosa es conservar la fe hasta tener la cosa que uno ha pedido.

Este es un problema común a todos los cristianos. Pueden escuchar un rato a un excelente predicador, y tener toda la fe del mundo mientras lo están oyendo. Pero cuando llegan de regreso a su casa advierten que toda la fe se les ha ido. La fe ha criado alas, y se les ha volado.

En aquella mañana, cuando estaba leyendo la Biblia en busca de algún pasaje especial para predicar, mis ojos cayeron súbitamente en Romanos 4:17: "Dios levanta a los muertos, y llama las cosas que no son como las que son". Mi alma se aferró a esa escritura, y mi corazón comenzó a entusiasmarse. Me dije a mí mismo: "Debo llamar las cosas que no son como si ya fueran, y como si las tuviera ya". Y así recibí la respuesta al problema de cómo conservar mi fe.

Corrí a la carpa que nos servía de iglesia, donde ya había varios hermanos orando, y después de cantar algunos himnos comencé a predicar. Les expuse esa misma escritura y les dije: —Hermanos, por la bendición de Dios ya tengo un escritorio de caoba de las Filipinas, una hermosa silla de armazón de acero y ruedas, y una bicicleta de fabricación americana con cambio de velocidades. ¡Alabado sea el Señor! ¡Ya he recibido todas esas cosas!

La gente me miró y carraspeó, porque sabían que yo era absolutamente pobre. Pensaron que estaba fanfarroneando, y no creyeron a mis palabras. Pero yo estaba alabando a Dios por fe, tal como la Palabra de Dios me había dicho que lo hiciera.

Después del servicio, cuando yo iba saliendo, tres de los jóvenes de la iglesia me alcanzaron y dijeron:
—Pastor, deseamos ir a ver esas cosas.

Quedé aterrado, porque no había contado con ese compromiso de mostrar mis objetos. Todos los miembros de la iglesia vivían en uno de los arrabales más pobres, y si se daban cuenta de que su pastor les había mentido, ya podía dar por terminado mi ministerio allí. Y los jóvenes no estaban dispuestos a volver atrás. Me hallaba comprometido en una situación terrible, y comencé a orar: —Señor, desde un principio ésta no ha sido mi idea. Fue idea tuya que yo les dijera tal cosa. Yo solamente te he obedecido, y ahora estoy en un aprieto. Les he hablado como si ya fuera dueño de las tres cosas. ¿Qué explicación les puedo dar ahora? Tú debes ayudarme, como siempre lo has hecho.

Entonces el Señor vino en ayuda mía, y una idea quedó flotando en mi corazón. De modo que resueltamente les dije: —Vengan a mi cuarto, y lo verán.

Entraron todos juntos y se pusieron a mirar por todos lados para ver dónde estaban el escritorio, la silla y la bicicleta. Les dije: —No busquen esas cosas. Yo se las mostraré más tarde.

Apunté con el dedo a un joven llamado Park, quien ahora es pastor de una de las iglesias más grandes de las Asambleas de Dios en Corea, y le dije: —Te haré algunas preguntas. Si me las puedes contestar, yo te mostraré las tres cosas. Dime, ¿cuánto tiempo estuviste en el vientre de tu madre antes de que nacieras en este mundo?

El se rascó la cabeza y dijo: —Nueve meses.

—Bien, ¿y qué estabas haciendo durante esos nueve meses en el vientre de tu madre?

—Oh, estaba creciendo.

—Pero —proseguí —, nadie te veía.

—Claro que no. Nadie podía verme porque yo estaba en el vientre. Entonces le dije: —Fíjate bien. Tú eras un verdadero niño, eras un verdadero niño todo el tiempo en que estuviste en el vientre de tu mamá, tanto como lo fuiste inmediatamente después de nacer. Tú me has dado la verdadera respuesta. La otra noche me arrodillé aquí, y le pedí al Señor que me concediera la bicicleta, la silla y el escritorio, y por el poder del Espíritu Santo concebí esas tres cosas. Ellas están dentro de mí ahora, y están creciendo. Y son cosas tan reales y verdaderas como cuando llegue el día que me las traigan, y toda la gente las pueda ver.

¡Ellos comenzaron a reírse a carcajadas! —Es la primera vez que vemos a un hombre embarazado de un escritorio, una silla y una bicicleta.

Después de esta escena me costaba andar entre la gente sin que las mujeres cuchicheasen y me miraran. Y los jóvenes de la iglesia, muchachos pícaros y traviesos, me tocaban el estómago y me preguntaban: —Pastor, ¿cuántos meses le faltan?

Pero yo tenía la plena seguridad en aquellos días que las tres cosas estaban creciendo dentro de mí. Todo era cuestión de tiempo, el tiempo justo necesario que espera una madre hasta que nazca su hijo. Sin duda ninguna que las cosas que usted ha pedido hoy, tomarán un tiempo antes que lleguen, pero está usted embarazado de ellas, y al debido tiempo las tendrá.

Me mantuve alabando al Señor constantemente, y al debido tiempo, me llegaron las tres cosas. Y llegaron exactamente como las había pedido: el escritorio era de caoba de Filipinas, la silla era japonesa, fabricada por la Mitshubishi, y tenía rueditas en las patas para que pudiera correr, y la bicicleta, ligeramente usada, era americana y tenía cambio de velocidades. Había sido propiedad del hijo de un misionero americano.

Traje a casa las tres cosas que había estado esperando tanto tiempo, y eso cambió por completo mi manera de orar.

Hasta entonces siempre había orado en términos vagos, pero desde ese día en adelante, siempre oré en términos claros y precisos. Si Dios va a contestar nuestras oraciones en los mismos términos vagos conque nosotros pedimos, entonces nunca podremos saber que las está contestando. Debemos orar siempre definida y específicamente.

El Señor no aprecia las oraciones vagas e imprecisas. Cuando Bartimeo el ciego, hijo de Timeo, corrió detrás de Jesús, lo hizo gritando: "Jesús, hijo de David, ten misericordia de mí!" Aunque todo el mundo sabía que lo que él deseaba era la sanidad de sus ojos, con todo eso Jesús le preguntó, "¿Qué quieres que te haga?" Cristo deseaba una respuesta bien específica. Bartimeo le dijo: "Maestro, que recobre la vista". Jesús le dijo, "Vete, tu fe te ha salvado". Entonces Bartimeo abrió los ojos.

Jesús no le concedió la sanidad sino hasta después de que el hombre habló específicamente. Cuando usted traiga sus pedidos al Señor, venga con un requerimiento específico, un objetivo bien claro y una meta bien nítida.

Una vez me hallaba visitando cierta iglesia. Después del culto la esposa del pastor me pidió si podía venir a la oficina pastoral. El pastor me dijo: —Hermano Cho, ¿podría usted orar por una dama que está aquí?

—¿Qué necesidad tiene ella? —pregunté

—Bueno, quiere casarse, pero todavía no ha encontrado marido.

—Dígale que venga.

Ella entró y vi que era una linda mujer, una solterita de unos treinta años.

—Hermana —le pregunté— ¿cuánto tiempo hace que ora por un marido?

—Más de diez años — dijo ella.

—¿Por qué Dios no ha contestado sus oraciones en estos diez años? —inquirí.

Ella se encogió de hombros. —Bueno, no lo sé. Son cosas de Dios. El sabe todas las cosas.

—Ese es su error —le dije—. Dios nunca trabaja solo. Siempre lo hace a través de usted. Dios es la fuente eterna de todas las bendiciones, pero obra sólo en respuesta a las oraciones de usted. ¿Desea realmente que ore por usted?

—Sí.

—Muy bien, entonces traiga papel y lápiz, y siéntese aquí delante de mí. Ella se sentó y yo le dije: —Si usted responde a todas las preguntas que le voy a hacer, oraré por usted, si no, no. Número uno: usted realmente desea un marido, pero ¿qué clase de marido? ¿Amarillo, blanco o negro?

—Blanco.

—Muy bien. Ahora escriba la pregunta número dos. ¿Cómo quiere que sea el marido, alto, mediano o bajo?

—¡Ah yo deseo un marido bien alto!

—Escriba eso. Número tres. ¿Desea usted un marido delgado y de buena presencia, o uno que sea así no más?

—Quiero que sea delgado y elegante.

—Escriba "delgado y elegante". Número cuatro: ¿Qué clase de afición, o inclinación quiere que tenga su marido?

—Me gustaría que fuera músico.

—Perfectamente. Escriba "músico". Ahora, ¿qué clase de trabajo quiere que tenga su marido?

—¡Maestro de escuela!

—Bien. Escriba "maestro de escuela".

Le hice más o menos diez preguntas, que ella apuntó en el papel. Entonces le dije: —Por favor, lea su lista. Ella leyó punto por punto. Luego le dije: —Cierre ahora sus ojos. ¿Puede usted visualizar a su marido?

—Sí, lo puedo ver claramente.

—Muy bien. Ahora, ordénelo. Hasta que usted no visualice nítidamente a su futuro marido en su imaginación, no podrá pedir por él, porque Dios no le va a contestar. Usted tiene que verlo claramente antes de empezar a orar. Dios nunca contesta oraciones vagas.

Ella se arrodilló, y yo puse mis manos sobre ella.

—Oh, Señor, esta hermana ve ahora claramente a su marido. Yo también puedo verlo. Y tú, Señor, también lo ves. Dios mío, te lo pedimos en el nombre de Jesús.

—Hermana —terminé diciendo— tome este papel y péguelo en el espejo de su cuarto. Cada noche, antes de ir a la cama, lea estos diez puntos y ore. Y cada mañana, cuando se levante, vuelva a leerlos, y pida de nuevo por su marido, y alabe a Dios por su respuesta.

Pasó como un año. Yo andaba cerca de esa iglesia otra vez, la señora del pastor volvió a llamarme por teléfono. —Pastor —me dijo— ¿podría venir a casa y almorzar con nosotros?

—Con todo gusto— le dije. Y fui a almorzar con ellos.

No bien llegué a la cafetería, la señora del pastor me dijo entusiasmada: —¡Ella se ha casado, ella se ha casado!

—¿Quién se ha casado?

—¿Recuerda usted aquella muchacha por la cual estuvo orando? Usted le pidió que escribiera diez puntos. ¡Ella se ha casado!

—Sí, ahora recuerdo. ¿Y cómo pasó eso?

—Ese mismo verano llegó a nuestra iglesia un maestro de música de una escuela secundaria, junto con un cuarteto de jóvenes. Se quedaron una semana con nosotros, para cantar en una serie de reuniones especiales. Era un joven soltero, y todas las chicas de la iglesia estaban locas por él. Todas deseaban salir a pasear con él, pero él se mostraba indiferente a todas. Pero enseguida se fijó en esa solterona de 30 años. Siempre andaba alrededor de ella, y antes de que se fueran de la iglesia, ya le había pedido que se casara con él. Ella no vaciló un instante y le dijo que sí.

Se casaron llenos de felicidad en esta misma iglesia, y el día que se casaron la mamá de ella tomó el papel y leyó ante la congregación los diez puntos. Después rompió el papel delante de todos.

Esto parece un cuento, pero sucedió realmente así. Deseo recordarles una cosa: Dios está dentro de ustedes. Dios nunca hace nada concerniente a su vida independiente de usted. Dios trabaja a través de sus pensamientos, a través de sus creencias, de modo que, siempre que quiera que Dios conteste sus oraciones, sea bien claro y definido en sus peticiones.

No diga simplemente: "Dios, bendíceme, bendíceme". ¿Sabe cuántas bendiciones tiene la Biblia? ¡Más de ocho mil promesas! Si usted dice, "Dios bendíceme", Dios puede preguntarle "¿Qué bendición, de las ocho mil que tengo, quieres que te dé?" Por esto usted tiene que ser bien definido. Tome su libreta, escriba su petición, y visualícela claramente.

Siempre he pedido al Señor que nos conceda un avivamiento en base a números bien definidos. En 1960 comencé a orar: "Dios, dame mil miembros más cada año". Y desde 1969 en adelante se han ido agregando mil nuevos miembros cada doce meses.

Pero en 1969 mi corazón cambió. Me puse a pensar: "Si Dios puede darme mil miembros nuevos cada año, ¿por qué no pedirle que nos dé mil miembros nuevos cada mes?

Al principio el Señor me dio 600 nuevos miembros, pero poco después me estaba dando mil miembros nuevos cada treinta días. El año pasado recibimos 12 mil miembros nuevos en la iglesia. Este año levanté un poco más la meta, y estoy pidiendo 15 mil. Y el próximo año voy a poder pedir fácilmente 20 mil. Si usted tiene un deseo bien definido, y puede visualizarlo, entonces usted puede llegar a ver realizado ese deseo.

Cuando estábamos construyendo la presente iglesia, que tiene una capacidad de 10.000 asientos, yo la visualicé completamente aun antes que comenzaran a echar el concreto. Caminé centenares de veces por el edificio en construcción, y siempre pude sentir la presencia del Espíritu Santo. Llegué a sentir físicamente la magnitud de esa iglesia, un estremecimiento de mi corazón. Usted también tiene que ver y sentir su deseo en su corazón, y visualizarlo nítidamente en su alma y experimentarlo en sus emociones. Si no ejercita esta ley de la fe, nunca tendrá una respuesta definida a sus oraciones.

Yo siempre procuro ver claramente en mis oraciones. Deseo ver mi objetivo tan nítidamente que me produzca un estremecimiento de corazón. Entonces veo cumplida la primera condición.

En segundo lugar, si usted tiene una visión clara, puede sentir un deseo ardiente por esos objetivos. Mucha gente ora superficialmente: "Dios, contesta mis oraciones". Y antes de salir del culto ya han olvidado lo que pidieron. Esta clase de oración nunca trae una verdadera bendición, nunca la fe y el toque del Señor. Usted necesita experimentar un deseo ardiente.

En Proverbios 10:24 se puede leer: "A los justos le será dado lo que desean." En el Salmo 37:4 se lee: "Deléitate asimismo en Jehová, y él te concederá las peticiones de tu corazón." Es necesario sentir un deseo muy ardiente por algo, y mantenerse mirando ese algo, hasta que se realice.

Cuando comencé mi ministerio en 1958, tenía en mi alma un deseo quemante, un deseo ardiente de edificar la iglesia más grande de Corea. Era un deseo que ardía en mí, porque vivía con él, dormía con él, caminaba con él. Hoy en día, después de 20 años, suele decirse que mi iglesia es la más grande que hay en el mundo.

Usted debe tener un mismo deseo ardiente en su corazón. Los tibios no le gustan a Dios, porque él se especializa sólo con lo que está al rojo vivo. Si usted tiene deseos puestos al rojo vivo, entonces podrá ver los resultados.

Tercero, usted debe tener la sustancia, o la seguridad. En el idioma griego sustancia es *hypostasis*. En lenguaje común, la palabra puede significar "título o papel legal". Cuando usted tiene una meta bien definida, y un deseo ardiente en su corazón, un deseo que llegue al punto de ebullición, entonces puede ponerse de rodillas y orar hasta tener la sustancia o la seguridad.

Un día que andaba predicando por Hawaii, una mujer japonesa vino y me preguntó cuánto tiempo tenía que orar ella para adquirir seguridad. Le dije que a veces son necesarios sólo unos minutos, y que si ella podía lograr esa sustancia o seguridad en este instante, no necesitaba orar más.

—Pero podría tomar tanto dos minutos, como dos horas, como dos años — le dije —. Cualquiera sea el tiempo que ello demande, debe seguir orando hasta tener la sustancia.

Los occidentales viven envueltos en el problema de vivir conforme a un horario. Todo se vuelve correr, correr y correr. Pronto carecen de tiempo para estar con sus familias, para visitar a los amigos y aun para estar callados delante del Señor. Todo tiene que ser instantáneo: desayuno instantáneo, comida precocinada, alimentos en lata, café soluble al instante. Todo debe estar listo en menos de cinco minutos. De modo que cuando van a la iglesia oran diciendo: "Oh, Dios, respóndeme enseguida, pues sólo tengo cinco minutos. Y si no puedes responderme en cinco minutos, mejor olvídalo". No saben esperar delante del Señor.

Los americanos han convertido las iglesias en lugares de esparcimiento. En Corea hemos terminado con todo esparcimiento y entretenimiento. Hacemos unos avisos muy cortos, y damos toda la preeminencia a la Palabra de Dios. Después de predicar la Palabra de Dios hay dos o tres números especiales, y entonces concluimos. La Palabra de Dios es siempre lo preeminente.

Una vez estaba invitado para predicar en un servicio vespertino en una iglesia de Alabama, Estados Unidos. El culto comenzó a las 7.00 de la noche, y entre anuncios, y cantos y números especiales se fueron como dos horas. Yo me estaba durmiendo, sentado en la plataforma. También la gente estaba empezando a sentirse cansada. El pastor se me acercó y me dijo: —Cho, predique sólo 10 minutos esta noche, porque tenemos un magnífico programa de televisión, y desearíamos que nos predicase sólo 10 minutos. ¡Yo había venido desde Corea, invitado por ellos, para hablarles sólo 10 minutos!

Con una iglesia así usted no puede esperar la plena bendición de Dios. Una iglesia como ésa necesita esperar largo tiempo delante del Señor, lo mismo que necesita una sólida predicación de la Palabra de Dios. Esto es lo que edifica la fe. Usted debe esperar delante del Señor todo el tiempo necesario hasta que adquiera la seguridad.

Cuando necesitaba cinco millones de dólares para terminar la iglesia, que ya estaba en construcción, tenía una visión muy clara, una meta bien visible y un deseo bien ardiente de tener ya lista esa iglesia con asientos para diez mil espectadores. Pero mi corazón estaba lleno de temor. Estaba trémulo, asustado, y no tenía ninguna seguridad. Esos cinco millones eran una montaña y estaba como un conejo asustado. Para los extranjeros ricos cinco millones de dólares no significaban mucho, pero para los coreanos pobres eran una gigantesca suma de dinero. Empecé a orar como una persona que se está muriendo. Dije: — Señor, ya hemos empezado la construcción. Pero todavía no tenemos ninguna seguridad. Y no sé de dónde conseguir ese dinero.

Comencé a preocuparme. Pasó un mes, y yo todavía sin conseguir paz y seguridad. Pasó un segundo mes, y yo me mantenía orando hasta las doce de la noche. Podía arrojar mi cama a un lado, y acurrucarme en un rincón y llorar. Mi esposa pensaba que me estaba volviendo loco, pero yo estaba mentalmente ciego. Me lo pasaba parado allí, sin hablar ni pensar, solamente haciendo girar en mi cabeza la suma de cinco millones de dólares.

Después de orar intensamente durante tres meses, una mañana mi esposa me llamó! — Querido, el desayuno está listo.

Al salir de mi estudio, y casi en el preciso momento de sentarme a la mesa, los cielos se abrieron y una tremenda bendición se derramó sobre mí. La sustancia y la seguridad fueron impartidas a mi alma. Salté de mi silla como un tiro y empecé a gritar: —¡Lo tengo, lo tengo, oh sí, lo tengo!

Mi esposa salió corriendo de la cocina, el rostro intensamente pálido. Se la veía aterrada, y me dijo — Querido, ¿te sientes bien? ¿qué te pasa? ¡Siéntate!

— Ya lo tengo — le dije.

— ¿Qué es lo que tienes?

— Tengo los cinco millones de dólares — afirmé con toda seguridad.

— Te has vuelto loco —dijo ella —, completamente loco.

— No, querida. Ya tengo esos cinco millones dentro de mí. ¡Ellos están creciendo ahora! ¡Sí, están creciendo dentro de mí! Súbitamente se tornaron una piedrecita en mi mano. Oré con toda seguridad. Mi fe los agarró, y no hice más que echar mano de ellos. Eran míos.

Yo ya tenía la sustancia. Y una vez que usted tiene la sustancia — el título legal — sea que usted vea ya esas cosas o no, ellas vendrán a ser legalmente de usted, porque las cosas que le pertenecen legalmente, tienen que llegar a ser suyas completamente. De modo que oré hasta adquirir esa seguridad.

Durante la primera parte de ese año oré continuamente pidiendo 50.000 miembros, hasta que el Señor me dio la seguridad de que los tendría. Esos miembros estaban dentro de mí, creciendo de la misma manera que iban creciendo fuera de mí. Este es el secreto: orar hasta tener la sustancia, la seguridad.

Cuarto, usted debe dar muestras de su fe. La Biblia dice que Dios levanta a los muertos. Eso significa que Dios realiza milagros, llamando a las "cosas que no son, como las que son".

Abraham era un viejo de cien años y Sara una vieja de noventa. Ambos tenían un anhelo bien claro: tener un hijo. Sentían un deseo ardiente de ver ese hijo, y oraron durante 25 años. En cierto momento Dios les dio una promesa, y cuando ellos tuvieron la seguridad, Dios cambió inmediatamente sus nombres. "Y no se llamará más tu nombre Abram, sino que será tu nombre Abraham, porque te he puesto por padre de muchedumbre de gentes. . . a Sarai, tu mujer, no la llamarás Sarai, mas Sara será su nombre" (Génesis 17:5,15).

Abraham protestó un poco. "Padre, la gente se reirá de mí. En casa no tenemos siquiera un gatito, y tú dices que vas a cambiar mi nombre a 'Padre de una multitud', y a Sarai la vas a llamar 'Princesa'. ¡Toda la gente del pueblo va a decir que estoy loco!

Pero Dios dijo: —"Si tú deseas trabajar conmigo tendrás que hacer las cosas como yo las hago. Yo llamo las cosas que no son como si fueran, y si tú no hablas claramente como si ya tuvieras lo que todavía no es, no serás de mi categoría."

De modo que Abram cambió su nombre. Y se acercó a su mujer y le dijo: "Esposa mía, mi nombre ha sido cambiado. Ya no soy más Abram, sino Abraham, Padre de una multitud". Dios ha cambiado mi nombre. Y tú tampoco serás más Sarai, sino Sara.

Esa misma noche Abraham iba caminando hacia el valle. Sara, que ya tenía lista la cena, llamó a su marido: "Abraham, está lista la cena." Estas palabras repiquetearon por todo el poblado.

Los aldeanos dejaron de trabajar, y se miraron unos a otros. —¡Oigan eso, lo está llamando Abraham, el padre de una multitud! Pobre Sarai, está tan ansiosa de tener un hijo, siendo una vieja de 90 años, que ha comenzado a llamar a su marido "padre de naciones". Debe haber perdido el juicio. ¡Nos da mucha pena!

Entonces oyeron una fuerte voz de barítono que decía: —¡Querida Sara, enseguida estoy contigo!

—¿Qué? —volvieron a comentar los aldeanos— ¿Sara, la princesa, la madre de muchos hijos? ¡Oh, a Abram le ha agarrado la misma chifladura! Los dos se han vuelto locos.

Pero Abraham y Sara no hicieron caso a los comentarios de los vecinos. Se llamaron el uno al otro "Padre de una multitud" y "Princesa". Y exactamente como se llamaron el uno al otro, exactamente como dieron testimonio de su seguridad, tuvieron un niño muy hermoso al cual llamaron Isaac, que significa "risa".

Hermanos y hermanas, ¿desean ustedes ver una sonrisa en sus rostros? ¿Desean ver sonrisas en los de su casa? ¿Desean ver sonrisas en sus negocios y sus iglesias? ¡Usen la ley de la fe! Entonces podrán ver muchos "Isaacs" naciendo en sus vidas.

Los milagros no se producen por medio de una

lucha ciega. Hay leyes en el reino espiritual, y usted posee en el corazón recursos inagotables. Dios habita dentro de usted. Pero Dios no va a hacer nada por usted, a menos que lo haga pasando por su propia vida. Dios quiere cooperar con usted en la obtención de grandes cosas. Dios es el mismo, porque Jehová nunca cambia. Pero hasta que no cambie la persona, Dios no puede manifestarse en ella. Dios usó a Moisés y a Josué y a otros hombres de fe gigante. Pero cuando Moisés y Josué murieron, y no nacieron otros hombres como ellos, el pueblo comenzó a desbarrancarse y Dios cesó de manifestar su poder.

Dios desea manifestarse hoy a través de usted, tal como se manifestó en Cristo dos mil años atrás. El es ahora tan poderoso como entonces, y está dependiendo de usted. Creo que Dios podría edificar una iglesia para diez mil personas en Corea, en Japón, en Alemania, en Estados Unidos o en cualquier parte, porque la visión de una iglesia tan grande no está en el exterior, sino en el interior de uno.

Lo que es engendrado en su corazón y en su mente está listo para realizarse en su ambiente y circunstancias. Vigile su corazón y su mente más que ninguna otra cosa. No trate de hallar la respuesta de Dios en otra persona, porque la respuesta de Dios viene a su espíritu, y por medio de su espíritu la respuesta de Dios se materializa en sus circunstancias.

Clame, y hable por una palabra de seguridad, porque de todos modos la Palabra de Dios sale y crea. Dios habló, y se formó el cosmos. La Palabra de Dios es la materia prima que el Espíritu Santo usa para crear.

De modo que usted debe pronunciar la palabra, porque esto es muy importante. La iglesia de hoy ha perdido el arte de dar órdenes. Los cristianos hemos venido a ser perpetuos mendigos, porque estamos mendigando constantemente. Moisés oró en la orilla del mar Rojo: "¡Oh, Dios, ayúdanos, porque vienen los egipcios!" Dios le replicó: "¿Por qué clamas a mí? ¡Di a los hijos de Israel que marchen! Y tú, alza tu vara, y extiende tu mano sobre el mar, y divídelo" (Éxodo 14:15-16).

Hay momentos en que usted debe orar, pero hay otros momentos en que sólo tiene que dar la orden. Usted debe orar cuando está en su cámara secreta de oración, pero cuando se halla en el campo de batalla, entonces debe dar la palabra de creación.

Cuando leemos la vida de Jesucristo, vemos que siempre estaba dando órdenes. A veces oraba durante toda la noche. ¡Pero cuando venía al frente de batalla, daba órdenes! Mandaba que el pueblo fuese sanado. Ordenaba a las olas del mar que se calmaran. Mandaba al demonio que saliera de las personas.

Y sus discípulos hicieron la misma cosa exactamente. Pedro le dio la orden al mendigo: "No tengo plata ni oro, pero lo que tengo te doy; en el nombre de Jesucristo de Nazaret, ¡levántate y anda!" (Hechos 3:6). Al cuerpo exánime de Dorcas le ordenó, "Tabita, a ti te digo ¡levántate!" (Hechos 9:40). Y Pablo mandó al paralítico de Listra, "¡Levántate derecho sobre tus pies!" (Hechos 14:10). Ellos sabían dar la palabra creadora.

La Biblia habla de sanidad de los enfermos. En la epístola de Santiago leemos: "La oración de fe salvará al enfermo" (Santiago 5:15). Dios nos pide claramente que sanemos a los enfermos, de modo que en mi iglesia yo sano a los enfermos en la forma en que el Espíritu me guía a hacerlo. Me pongo enfrente de ellos y les digo: "Tú estás sanado, ¡levántate y ponte derecho!" Pido que se manifieste la sanidad, y por docenas, por centenares, los enfermos son sanados. Hace unos pocos meses me encontraba celebrando reuniones en Australia. Una noche, había más de 1.500 personas apretadas en un lugar. Justo enfrente de mí había una señora en silla de ruedas. Su cuerpo se veía muy torcido, y tenía un aspecto muy deprimido. Le pregunté al Señor: — ¿Por qué pusiste esta señora delante de mí? No puedo ejercer mi fe después de verla. Traté de no mirarla cuando predicaba. Miraba hacia la derecha y luego rápidamente hacia la izquierda, porque la vista de ella era como echar agua fría sobre mi corazón.

Al finalizar el sermón el Espíritu Santo me dijo súbitamente: "Bájate, y levántala."

Contesté enseguida: — Querido Espíritu ¿realmente quieres decirme que debo bajar y levantarla de su silla de enferma? Ella está tan mal, tan torcida. Me pregunto si aun Jesús podría enderezarla. Yo no puedo hacerlo. Tengo miedo.

Pero el Espíritu volvió a decirme: "Anda y enderézala."

Rehusé otra vez, diciendo: — ¡Ah, no, me da miedo!

Comencé a orar por otras diversas sanidades, como me mostraba el Espíritu, diferentes al caso de esta mujer. Primero, una mujer ciega fue sanada. La mujer estaba tan asustada cuando oré por ella, que cuando sus ojos fueron abiertos y pudo ver, cayó desmayada. Entonces comenzaron a venir los enfermos de todas partes del auditorio. Yo oraba por toda clase de enfermedades, pero el Espíritu seguía insistiendo: "Baja, y enderézala".

Volví a decir: — Padre, está demasiado contrahecha. La verdad es que temo arriesgarme.

Al final del servicio, cuando el pastor pidió a la congregación que se pusieran de pie para cantar el último himno, bajé de la plataforma y fui hasta la mujer. Con un susurro de voz le dije al oído: — Señora, si usted desea, puede levantarse ahora de esta silla.

Enseguida me alejé rápidamente. Cuando me di vuelta, toda la gente estaba gritando y palmeando las manos. La señora se había incorporado de la silla de ruedas y caminaba alrededor de la plataforma. Me di cuenta que había sido un tonto. Porque si esta señora hubiera sido sanada al principio de la reunión, esa noche el cielo mismo habría bajado a la tierra. Pero yo había tenido miedo, y había perdido una oportunidad.

Mucha gente viene y me pregunta si yo tengo el don de la fe, o el don de la sanidad. Yo he examinado profundamente mi corazón y no he hallado ningún don en mí. Yo creo que las sanidades se producen porque el Espíritu Santo habita en mí. El Espíritu Santo es el que tiene los dones, los nueve de ellos, y El habita dentro de nosotros. Es el Espíritu Santo el que se manifiesta a sí mismo por medio de mí. Yo no tengo ninguno de los dones, sólo el Espíritu Santo los tiene. Yo solamente creo en El y le obedezco.

¿Qué clase de don tengo yo? Yo podría decirles que tengo un don, el don de la intrepidez, del arrojo o de la audacia. Con este don de la intrepidez, nos lanzamos a una empresa por fe, y el Espíritu Santo sigue detrás de nosotros. La Biblia no dice que una señal irá delante de usted. Más bien dice que las señales le seguirán. Ustedes deben marchar adelante, para que las señales sigan detrás. Manténgase dentro de la ley de incubación, y confíe, a lo largo de toda su vida, que señal tras señal sigan su camino de fe.

Usted tiene todos los recursos dentro de sí mismo, y ahora usted conoce todos los elementos que se necesitan para la incubación, para que su fe sea usable. Tenga un objetivo o meta bien claro y definido. Tenga un deseo quemante al punto de hacerse casi insoportable, entonces ore, hasta tener la seguridad, o sustancia. Entonces comience a pronunciar la palabra de seguridad que le ha sido dada.

Capítulo
2

LA CUARTA DIMENSION

Así como hay ciertos pasos que debemos seguir para que nuestra fe sea incubada apropiadamente, hay también una verdad central concerniente al reino de la fe que necesitamos comprender. La lección más importante que he aprendido acerca de la naturaleza del reino de la fe comenzó como resultado de algo que fue al principio una experiencia desagradable.

En Estados Unidos los ministros no tienen esta clase de problemas, pero en el Oriente he experimentado muchas tribulaciones predicando acerca del milagroso poder de Dios, debido a que en el budismo los monjes hacen también milagros fantásticos.

Recientemente una mujer coreana estaba muriendo de un cáncer incurable. Todos los médicos que la habían visto se habían declarado impotentes. Ella fue a varias iglesias, y también visitó a un monje budista. Este monje la llevó a cierta covacha, donde había varios budistas orando, y la mujer fue completamente sanada. El cáncer desapareció como por encanto.

Mucha gente en Corea, que practica el yoga, está sanando enfermos por medio de la meditación yoga. Cuando usted va a las reuniones de los *sokakkakai* japoneses, podrá ver a muchos enfermos que son sanados. Algunos de úlceras al estómago. Otros de sordera, o mudez, y los ciegos recuperan la vista. De modo que los cristianos, y especialmente nosotros los cristianos pentecostales, tenemos dificultad para explicar esas cosas. No se puede decir simplemente que son manifestaciones del diablo. Pero si el diablo puede realizar tales sanidades, ¿por qué la iglesia de Cristo no podrá hacer muchos más?

Un día estaba yo bastante preocupado. Muchos de nuestros hermanos cristianos no estaban considerando los milagros de Dios como cosa importante. Ellos decían: —¿Cómo podemos creer en Dios como un ser absolutamente divino? ¿Cómo podemos llamar a Jehová el único creador en los lugares celestiales? Vemos milagros en el budismo, milagros entre los yoguis, milagros entre los *sokakkakai.* Estamos viendo milagros en todas las religiones orientales. ¿Por qué vamos a aclamar a Jehová como al único creador del universo?

Pero yo sabía que nuestro Dios es el Unico Dios, el solo y verdadero Dios, y el creador del universo. De modo que atendí todas las preguntas de la gente y las hice un profundo motivo de oración delante del Señor. Oré y ayuné, buscando la fe del Señor y una respuesta. Entonces vino a mi corazón una revelación gloriosa, y recibí una clara invitación. Y desde ese momento en adelante comencé a explicar esas cosas en mis mensajes a la iglesia de Corea. Ahora puedo dar una respuesta satisfactoria a cualquiera de esas preguntas. Y puedo dar explicaciones claras, tan claras como el mediodía. Permítanme explicarles.

Hay en el universo tres tipos de espíritus: el Espíritu Santo de Dios, el espíritu del Diablo, y el espíritu humano. Cuando usted estudia geometría, usted pone dos puntos, uno aquí y uno allá, y si usted tira una línea entre esos dos puntos, llama a esa línea una dimensión. Es justamente eso, una línea entre dos puntos, una dimensión.

Pero si usted va agregando más y más líneas, una al lado de otra, en una progresión indefinida, tiene una segunda dimensión. Tiene un plano, o superficie. Y si usted agrega plano sobre plano, una sucesión indefinida de planos, tiene una tercera dimensión. Tiene lo que llama un sólido, un volumen. El mundo material, y la tierra por entero pertenecen a este universo de tres dimensiones.

La primera dimensión, la línea, está contenida en la segunda dimensión, el plano o superficie. Y la segunda dimensión está contenida, y controlada por la tercera dimensión, el volumen o espacio. ¿Quién crea, contiene y controla la tercera dimensión, el volumen o espacio, el mundo cúbico? Usted tiene la respuesta cuando abre la Biblia y lee Génesis 1:2: "Y la tierra estaba desordenada y vacía, y las tinieblas estaban sobre la faz del abismo, y el Espíritu de Dios se movía sobre la faz de las aguas".

Pero si examina el lenguaje original de la Biblia, ese versículo quiere decir que el Espíritu de Dios estaba incubando sobre las aguas, empollando sobre las aguas. Este mundo caótico pertenece a la tercera dimensión. Pero el Espíritu Santo, que está mostrado aquí como incubando sobre la tercera dimensión, pertenece a la cuarta dimensión. Del mismo modo, el reino espiritual de la fe pertenece a la cuarta dimensión.

Porque el reino espiritual abarca a la tercera dimensión, e incuba sobre la tercera dimensión, y por esta incubación o empollamiento de la cuarta dimensión sobre la tercera, fue recreada la tierra. Un nuevo orden surgió del antiguo, y la vida fue sacada de la muerte, la belleza fue extraída de la fealdad, la limpieza de las cosas que estaban sucias, y la abundancia surgió de la pobreza. Todo fue creado bello y hermoso por la incubación de la cuarta dimensión.

Fue entonces que Dios habló a mi corazón: "Hijo, así como la tercera dimensión incluye y controla la segunda, así también la cuarta incluye y controla la tercera, produciendo una creación de orden y belleza. El espíritu es la cuarta dimensión. Cada ser humano es un ser espiritual lo mismo que material. Ellos tienen tanto la cuarta como la tercera dimensión en sus corazones. De este modo los hombres, explorando su esfera espiritual en la cuarta dimensión, por medio de visiones, imaginaciones y sueños, pueden influir sobre la tercera dimensión, produciendo cambios en ella. Esto fue lo que me enseñó el Espíritu Santo.

Esos yoguis y monjes budistas pueden, naturalmente, explorar y desarrollar humanamente su cuarta dimensión, su esfera espiritual. Logrando una visión clara, y formando cuadros mentales de buena salud, pueden incubar esa buena salud sobre los cuerpos enfermos. Por orden natural la cuarta dimensión ejerce poder sobre la tercera dimensión, que son los cuerpos humanos. Con ciertas limitaciones por supuesto, pueden dar órdenes y crear cosas. Dios le dio al hombre poder sobre la creación. Ellos pueden controlar el mundo material y tener dominio sobre las cosas, una responsabilidad que pueden llenar en la cuarta dimensión. Cualquier persona, aun los no creyentes en Cristo, pueden desarrollar su ser interior, y obtener dominio sobre la tercera dimensión, lo cual incluye enfermedades y debilidades.

Luego me dijo el Espíritu, "Mira a los *sokakkakai*. Ellos pertenecen a Satanás. El espíritu humano de ellos se junta con el espíritu diabólico, y con la diabólica cuarta dimensión, pueden lograr dominio sobre sus cuerpos y sus circunstancias". El Espíritu Santo me dijo también que este fue el poder que usaron los magos de Egipto cuando pudieron repetir algunas de las señales de Moisés.

Dios me enseñó que, ya que nosotros los cristianos, podemos llenar la cuarta dimensión de nuestro espíritu con la cuarta dimensión de nuestro Padre —el Creador del Universo—, podemos tener más dominio sobre las circunstancias. ¡Alabado sea el Señor! Podemos llegar a ser fantásticamente creativos, y podemos ejercer gran control y poder sobre la tercera dimensión.

Después de recibir esta revelación del Señor comencé a enseñar fácilmente la razón por que hay señales y milagros en otras religiones. Las gentes podían venir a mí y decirme: "Nosotros también hacemos milagros".

Y yo podía contestar, "Sí, ustedes los hacen, porque tienen la cuarta dimensión en sus espíritus. Han desarrollado sus espíritus, y tienen dominio sobre los cuerpos y circunstancias. Pero ese espíritu que ustedes tienen no es un espíritu con salvación. Ustedes van a ir al infierno de todos modos, aun cuando operen señales y milagros.

Ustedes están ligados al mal espíritu de la cuarta dimensión. La cuarta dimensión tiene poder para dominar en la tercera dimensión. Ustedes tienen cierto limitado poder para influir sobre ella y sus circunstancias.

Cuando visité a Estados Unidos vi una cantidad de libros acerca del poder de la mente, y vi que aquí también sucedían cosas similares a las del Oriente, por todo ese énfasis que ponen en el subconsciente. ¿Qué es el subconsciente? El subconsciente es vuestro espíritu. La Biblia dice que el subconsciente es el hombre interior, el hombre oculto en el corazón.

Antes que la psicología hallara el subconsciente, el apóstol Pablo hablaba de ella dos mil años atrás. Los científicos y psicólogos de hoy hacen gran alarde de su descubrimiento, hurgando en las ideas del subconsciente y tratando de dirigir sus energías. Pero aunque el subconsciente es la cuarta dimensión, teniendo por lo tanto cierto poder, hay mucho chasco y decepción en lo que esa gente pretende lograr.

Quedé asombrado al ver los libros que leen muchos ministros, porque esos libros casi han hecho del subconsciente un dios, y esto es un tremendo engaño. El subconsciente tiene cierta influencia, pero es limitada, y no puede crear todo lo que nuestro Todopoderoso Señor puede crear. La iglesia Unitaria de América, por ejemplo, está tratando de desarrollar los poderes del subconsciente, y poner ese espíritu humano en lugar de Jesucristo. Sin duda alguna, esto es un gran engaño y un gran peligro.

Aunque reconozco que hay ciertas verdades y realidades en esas enseñanzas, es también importante comprender que el diablo actúa dentro de una diabólica cuarta dimensión. Nuestro Dios, sin embargo, es santo, único y todopoderoso. La cuarta dimensión está siempre creando y produciendo orden, y ejerciendo dominio e influencia sobre la tercera dimensión, por medio de la incubación. En Génesis, capítulo 1, se ve al Espíritu de Dios incubando, empollando, sobre las aguas. Era igual a una gallina echada sobre los huevos y haciendo nacer pollitos. En la misma manera que el Espíritu Santo incuba sobre la tercera dimensión, en gran parte (no en toda) el espíritu diabólico también incuba.

Estaba mirando las noticias por televisión. Un hombre había sido muerto, y se levantaba una gran controversia sobre él. El abogado defensor del joven que lo había asesinado, decía que la culpa la tenía la influencia que ejercen los programas de violencia que se ven por televisión. Hay cierta verdad en esto, porque ese joven, después de ver muchos programas de crímenes en la pantalla chica, comenzó a excitar su cuarta dimensión. Comenzó a incubar actos de violencia en su interior, y, naturalmente, llegó el momento en que los llevó a la práctica. Yo he revolucionado mi ministerio al descubrir el secreto de la cuarta dimensión. Usted también puede hacerlo, y revolucionar toda su vida. Se asombrará de cuántas y cuán buenas cosas podemos incubar en nuestro subconsciente. Habitamos en cuerpos físicos limitados, pero el Espíritu Santo puede incubar sobre toda la tierra, debido a su Omnipresencia. Nosotros estamos limitados por el espacio y el tiempo, y la única manera de incubar para nosotros es por medio de nuestra imaginación, a través de nuestras visiones y sueños.

Esta es la razón por la cual el Espíritu Santo viene para colaborar con nosotros. Para crear, ayudando a los jóvenes a tener visiones y a los viejos a soñar sueños. Por medio de sueños y visiones saltamos rápidamente las barreras de nuestras limitaciones, y nos estiramos hasta alcanzar el universo. Si usted no tiene ninguna visión nunca podrá ser creativo; y si cesa de ser creativo, entonces está en vías de desaparecer.

Visiones y sueños son el lenguaje de la cuarta dimensión, y el Espíritu Santo se comunica a través de ellos. Sólo a través de visiones y sueños puede uno concebir grandes iglesias. Usted puede visualizar un nuevo campo misionero, usted debe visualizar el rápido crecimiento de su iglesia. Por medio de visualizaciones y sueños puede usted incubar su futuro, y obtener resultados. Permítanme apoyar lo que digo con cuatro ilustraciones bíblicas.

¿Sabe usted por qué Adan y Eva cayeron de la gracia? Satanás sabía que las visiones de la cuarta dimensión en la mente de la persona podían crear resultados positivos. El diablo usó una táctica basada en esta premisa. Tentó a Eva diciéndole: "Eva, ven y mira el fruto del árbol prohibido. ¿Verdad que es delicioso? Es completamente inofensivo. ¿Puedes acercarte y observarlo un poco?" Eva se acercó y miró el fruto del árbol. Y no miró el árbol sólo una vez; se detuvo contemplándole. La Biblia dice en Génesis capítulo 3, versículo 6: "Y vio la mujer que el árbol era bueno para comer, y que era agradable a los ojos, y árbol codiciable para alcanzar la sabiduría; y tomó de su fruto, y comió; y dio también a su marido, el cual comió así como ella". Antes que ella comiera, vio el árbol, y vio también el fruto en su imaginación. Jugó con la idea de comer del árbol y trajo esa idea a su cuarta dimensión.

En la cuarta dimensión se crea tanto lo bueno como lo malo. Eva reprodujo la escena del árbol y su fruto profundamente en su imaginación. Viendo el fruto claramente, imaginó que ella podía ser tan sabia como Dios. Entonces se sintió como embriagada y atraída por ese árbol; el próximo paso fue tomar del fruto y comerlo, y darle también a su marido. Por medio de esta acción, cayó en pecado.

Si el mirar con atención no es importante, ¿por qué el ángel de Dios impuso a la mujer de Lot un juicio tan severo? En Génesis 19:17 dice la Biblia: "Y cuando los hombres los hubieran llevado fuera, dijeron: Escapa por tu vida, no mires tras ti, ni pares en toda esta llanura; escapa al monte, no sea que perezcas".

Era una orden muy simple: No mires tras ti. Sin embargo cuando uno lee Génesis 19:26, ve que esta mujer miró para atrás, y quedó convertida en estatua de sal. Recibió tan terrible castigo porque miró para atrás.

Usted puede decir que el juicio fue demasiado severo, pero cuando se comprende esta ley del Espíritu, no lo es. Porque cuando ella miró atrás, vio no solamente con sus ojos físicos. Cuando miró para Sodoma, toda esa visión se realizó en su interior, y captó su imaginación. Y la codicia de la vida antigua se apoderó de ella, y Dios entonces la castigó con justo juicio.

Dios ha usado siempre este lenguaje del Espíritu Santo para cambiar muchas vidas. Observen cuidadosamente cuando lean Génesis 13:14-15: "Y Jehová dijo a Abraham, después que Lot se separó de él: Alza ahora tus ojos y mira desde el lugar donde estás hacia el norte y hacia el sur, y al oriente y al occidente. Porque toda la tierra que ves te la daré a ti y a tu simiente para siempre".

Dios no dijo, "Ah, Abraham. Yo te voy a dar toda la tierra de Canaán. Solamente tienes que pedirla". No. Muy específicamente Dios le dijo que se pusiera de pie, y que mirara al norte, al sur, al este y al oeste, y que El daríale esa tierra a Abraham y a sus descendientes.

Yo hubiera deseado que Abraham hubiera tenido un helicóptero, para subir bien alto y mirar desde gran altura todo la región del Medio Oriente. Así se hubieran evitado tantos problemas como sufre esa región hoy en día. Pero como Abraham no tenía largavistas ni helicópteros, su visión fue bastante limitada.

Ver es poseer. Abraham vio la tierra. Luego volvió a su tienda y a su cama, para soñar con la tierra que sería suya. El Espíritu Santo comenzó a usar este lenguaje en su cuarta dimensión. El Espíritu Santo comenzó a ejercer el dominio de todo.

Es interesante notar que Abraham engendró a su hijo Isaac cuando tenía cien años de edad y Sara noventa. Cuando Abraham era casi centenario y Sara andaba por los noventa, Dios vino a ellos y les dijo que iban a tener un niño. Abraham se rio, y Sara también se rio y se rio, y se rio. En la traducción coreana de la Biblia la palabra significa que Abraham se rio tanto que le dio dolor de estómago. Esto quiere decir que Abraham era totalmente incrédulo al milagro.

También leemos que Sara se rio en su tienda. Dios

preguntó: "Por qué se ha reído Sara, diciendo, ¿Será cierto que he de dar a luz siendo tan vieja?"

Ambos se rieron, Abraham y Sara. Los dos eran incrédulos. Pero Dios tenía una manera de hacerlos creer, porque Dios usa la cuarta dimensión, el lenguaje del Espíritu Santo. Una noche clara le dijo a Abraham: "Sal fuera". En el Medio Oriente hay muy poca humedad, y en la noche las estrellas brillan resplandecientes. Abraham salió y Dios le dijo: "Mira ahora los cielos y cuenta las estrellas, si las puedes contar" (Génesis 15:5). Abraham comenzó a contar las estrellas.

Los científicos dicen que el ojo humano puede divisar un máximo de seis mil estrellas. Podemos imaginarnos a Abraham contando y contando hasta perder varias veces la cuenta. Finalmente habrá dicho: "Padre, no puedo contar todas las estrellas". Entonces el Señor le dijo, "Así será tu descendencia".

Abraham quedó mudo de emoción. Pronto las lágrimas comenzaron a correr por sus mejillas, y la visión se le empañó completamente. Cuando miró hacia las estrellas pudo ver las caras de sus hijos. Y súbitamente le pareció oír que lo llamaban: "Padre Abraham". Estaba profundamente conmovido, y cuando volvió a su tienda temblaba. No podía dormir, porque veía continuamente a las estrellas transformándose en las caras de sus hijos, y todos llamándole "Padre Abraham".

Estas visiones vinieron a su mente vez tras vez. Llegaron a ser sus propios sueños y visiones. Llegaron a ser parte de su propia cuarta dimensión, en el lenguaje espiritual de las visiones y sueños.

Estas visiones y sueños ejercieron dominio sobre su cuerpo, viejo ya de cien años, y pronto estaba transformado en un muchacho de veinte años. A partir de ese momento creyó a la Palabra del Señor, y alabó a Dios.

¿Quién podía cambiar tanto a Abraham? El Espíritu Santo, porque Dios había aplicado la ley de la cuarta dimensión, el lenguaje del Espíritu Santo. Una visión y un sueño cambiaron a Abraham. No solamente su mente, sino también su cuerpo físico. No solamente a él, sino también a su esposa. Ambos fueron rejuvenecidos maravillosamente. En la Biblia leemos que tiempo más tarde el rey Abimelec quiso hacer de Sara su concubina. ¡Una mujer de noventa años, rejuvenecida por la ley y el lenguaje de la cuarta dimensión!

No somos animales comunes. Cuando Dios nos creó, nos creó en la cuarta dimensión, en el mundo espiritual. Entonces dijo Dios: "Tendrán dominio sobre la tercera dimensión". (Tomó pues Jehová Dios al hombre, y lo puso en el huerto de Edén, para que lo labrara y lo guardase - Génesis 2:15).

Yo no he llevado adelante el ministerio de ganar almas simplemente golpeando puertas, luchando y afanándome mortalmente. He usado la vía de la fe, y mi iglesia está creciendo a pasos agigantados. Y aun cuando ya tenemos más de 50.000 miembros registrados, cuando voy a mi oficina no tengo allí mucho que hacer, porque estoy siguiendo un camino de fe. No me aflijo excesivamente en la carne por hacer cosas que el Espíritu las hace muy fácilmente sin tanto esfuerzo.

Yo sé que hasta cuando ejerzo mi ministerio en países extranjeros puedo entrar en la cuarta dimensión del Espíritu, y decirle cuáles son las necesidades de la iglesia en Corea, y El lleva la carga de la obra. Llamo por teléfono a mi esposa cada dos días, y ella me dice cosas que a veces sirven para desinflar mi ego. Siempre creo que los miembros de mi iglesia están ansiando mi regreso, que sufren por mi ausencia a los cultos dominicales, y que los servicios están decayendo porque yo no estoy. Pero ella me dice: — No te preocupes, querido, la iglesia marcha muy bien sin ti.

Si Dios usó a Abraham para que poseyera la tierra prometida por medio de la cuarta dimensión. Si por medio de la ley de la cuarta dimensión rejuveneció los cuerpos de ambos por medio del lenguaje de las visiones, sueños e imaginaciones, entonces usted también puede obrar a través de la cuarta dimensión.

Hay una magnífica historia acerca de Jacob en Génesis 30:31-43. Nunca me había gustado la treta que usó Jacob para hacer que las ovejas parieran borregos listados o manchados, según le convenía. Entonces pregunté: "Señor, ¿por qué permites tal superstición en la Biblia? Es por historias como éstas que los modernistas critican la Biblia, y la llaman cuentos de hadas".

Cuando leía la Biblia y llegaba a este pasaje, lo pasaba por alto, lamentando que hubiera una parte en la Biblia en la cual yo no pudiera confiar. Un día, cuando estaba leyendo el sagrado libro bajo la unción del Espíritu Santo, llegué otra vez hasta este pasaje. Y me dije a mí mismo: "No lo voy a leer porque es pura superstición".

Pero el Espíritu Santo me dijo: "Espera un momento. Ninguna verdad de la Biblia es superstición. Tú estás ciego. Yo estoy aplicando en este caso de las ovejas de Jacob la ley espiritual de la creación. Mira".

Entonces vino a mí una tremenda revelación de la verdad, y esto añadió una nueva dimensión a mi ministerio. Si usted no usa las mismas leyes milagrosas de la fe, es inútil que espere ver mil miembros nuevos en la iglesia cada mes. Sus esfuerzos personales, aparte de la obra de la cuarta dimensión, no pueden jamás producir estos resultados.

En esos tiempos de su vida, Jacob, el engañador, había ido a trabajar con su tío. Llevaba veinte años trabajando como si fuera un esclavo. Su tío Labán le había cambiado el salario tantas veces que Jacob se sentía estafado. Entonces decidió engañar a su tío. Cada uno estuvo engañando al otro. Y cuando Jacob llegó a los 40 años de edad, no tenía ninguna riqueza material, pero sí tenía una pila de hijos y esposas, y un gran deseo de retornar a su hogar.

Dios sintió pena por Jacob y le mostró una porción del secreto de la cuarta dimensión. Después de recibir esta revelación de Dios, Jacob fue a hablar con Labán y le dijo: "Yo pasaré hoy por todo tu rebaño, poniendo aparte todas las ovejas manchadas y salpicadas de color, y todas las ovejas de color oscuro, y las manchadas y salpicadas de color entre las cabras, y esto será mi salario" (Génesis 30:32).

El tío Labán saltó de contento. Pensó enseguida: "Este tonto se está engañando a sí mismo. Las ovejas de color entero nunca van a producir borregos de color manchado o listado. Por lo tanto, va a tener que trabajar para mí con muy escaso salario".

"Entonces dijo Labán: Mira, sea así como tú dices" (Génesis 30:34).

Inmediatamente Labán puso aparte todo el ganado manchado, pintado y listado de color, y lo llevó lejos, a tres días de distancia del otro ganado. Jacob se quedó cuidando las ovejas de color enteramente blanco. Jacob, que no era nada tonto, se fue a la montaña y cortó ramas verdes de álamo, de avellano y castaño, y descortezó en ellas mondaduras blancas, descubriendo así lo blanco de las varas (Génesis 30:37). Luego colocó las varas, como formando una valla, delante de los abrevaderos de las ovejas. Las ovejas acudían allí para beber, y concebían borregos a la vista de las varas.

Jacob se pasaba allí los días enteros, observando como las ovejas se apareaban y concebían delante de las varas. La Biblia dice que bien pronto todas las ovejas estaban pariendo corderitos manchados y listados.

Dios creó una visión y sueño en la mente de Jacob. Anteriormente su subconsciente había estado lleno de pobreza, fracaso y engaño. Su lucha había sido muy dura, y su recompensa muy poca. Pero Dios cambió su imaginación, usando esas varas listadas y moteadas.

Jacob observó tantas veces la valla de varas listadas, que su mente se saturó de la visión. Luego se durmió, y soñó sueños en que veía todo el ganado listado y manchado. En el capítulo siguiente se lee que realmente las ovejas parían sólo borregos manchados y de color vario. La imaginación juega un gran papel en la cuarta dimensión. Los animales no pueden tener imaginación igual que nosotros, porque la imaginación es una obra del Espíritu.

Cuando en la imaginación y corazón de Jacob tomaron cuerpo los corderos listados y manchados, Jacob comenzó a aprender el lenguaje del Espíritu. Usted puede conversar con una persona si ambos usan un idioma común. Si los dos hablaban distintos idiomas es imposible comunicarse.

Cuando Jacob aprendió el lenguaje del Espíritu, comenzó a hablar con el Espíritu, y el Espíritu empezó a trabajar. Comenzó a poner en acción los mecanismos necesarios para que los genes de las ovejas produjeran los borreguitos listados y manchados. Pronto Jacob era dueño de un ganado inmenso, y uno de los hombres más ricos de la comarca.

Hay más de 8.000 promesas en la Biblia, y cada una de ellas es como una vara listada y moteada para usted. Usted no necesita ir a la montaña para cortar una rama de álamo, castaño o avellano. Mas bien debe tomar todas las promesas de la Biblia, listadas y moteadas, que lo están esperando. Esas promesas, sin embargo, son un tanto diferentes, porque están listadas y moteadas por la sangre de Jesucristo.

Muchos siglos después de Jacob Dios levantó otro árbol listado y moteado. Sólo que esta vez el árbol estaba plantado en el Calvario. Y este árbol no tenía cortaduras en la corteza hechas con el cuchillo de Jacob, sino por la preciosa sangre del Hijo de Dios.

Todos los hombres del mundo pueden venir, y ver este árbol pintado y moteado, y recibir una nueva imagen, una nueva visión, por el poder del Espíritu Santo, y ser transformados.

Permítanme compartir con ustedes una experiencia personal. En una víspera de Navidad yo estaba muy ocupado preparando un sermón. Al día siguiente por la mañana, recibí un llamado telefónico. Un hombre me llamaba desde el Hospital Nacional de Seúl.

— ¿Es usted el pastor Cho?

— Sí, yo soy.

— Uno de sus miembros está muriendo. Ha sufrido un accidente de automóvil. Un taxi lo chocó, y el chófer ha andado toda la mañana dando vueltas con él en el asiento del auto.

Hay una ley en Corea que dice que si un taxi mata un hombre en la calle, todo lo que tiene que pagar el chófer son 2300 dólares, y con eso queda completamente libre de toda obligación. Pero si la víctima no moría, y había que hospitalizarla, el chofer del taxi debía correr con todos los gastos de hospitalización y medicina, que casi siempre era mucho más. Por eso, cada vez que un taxi arrollaba una persona, el chófer ponía a la víctima en el asiento de atrás, y daba vueltas y vueltas, hasta que el pobre infeliz moría. Así le salía todo más barato.

Este miembro de mi iglesia, que estaba herido, había comprado ese día un hermoso sombrero, junto con otros artículos, para llevarle de regalo a la esposa. Iba feliz, gozándose anticipadamente de la alegría que le iba a proporcionar a su esposa. Cruzó la calle sin fijarse en la luz roja, y el taxi, que venía a toda velocidad, lo atropelló. Como era tarde en la noche, y nadie lo había visto, el taximetrero lo tiró en el asiento trasero y anduvo toda la noche con él. El impacto le había abierto el vientre y destrozado los intestinos, y tenía el estómago lleno de sangre y suciedad. Casualmente un policía paró al taxi, y viendo adentro al herido, lo llevó al hospital.

El doctor me conocía y por eso me llamó por teléfono.

—Doctor Cho —me dijo— ¿Podríamos operarlo de todos modos? Hablando como médico, no tiene ninguna esperanza. Ha estado sin atención médica tantas horas, que ya tiene gangrena. No tenemos recursos médicos para salvarlo.

—Siga adelante doctor, y opere —le contesté—, y yo, no bien haya terminado de preparar mi sermón, iré corriendo para allá.

Pasado el culto de Navidad, corrí al hospital. Allí estaba el hermano, totalmente inconsciente. El médico volvió a decirme que no le daba ninguna esperanza.

—Reverendo, no esperamos nada. Se está muriendo, nada podemos hacer. Cuando le abrimos el abdomen tenía los intestinos cortados en tres partes, llenos de sangre y materias fecales. ¡No hay esperanza!

—Bueno, trataré de hacer lo mejor que puedo —repliqué.

Cuando entré a la sala el hermano estaba en profunda coma. Me arrodillé ante su cama y dije: —Señor, dame solamente cinco minutos, y entonces voy a probar. Permítele salir del coma sólo cinco minutos.

Seguí orando, y entonces sentí que algo se movía. Abrí mis ojos y vi que el herido los había abierto también.

—Ah, pastor... me estoy muriendo —me dijo.

Yo sabía que disponía de sólo cinco minutos.

—No puedes hablar así —le dije— Si empiezas a pensar que te estás muriendo, nada podemos hacer. Debes cambiar tu imaginación y tu pensamiento. Cambia tu visión, y tus sueños, porque la única manera de alcanzar dominio sobre el mundo material de la tercera dimensión es por medio de tu imaginación, tus visiones y tus sueños.

Luego de una breve pausa proseguí.

— De modo que debes oírme. Imagínate a un hombre joven. Le dice adiós a la esposa. Está lleno de vida y salud. Va a su oficina, y despacha sus negocios con éxito. Toda la gente lo respeta y lo admira. Por la noche regresa a su casa, y lleva bonitos regalos para su esposa, quien lo está esperando con una rica cena servida. No bien llega a la casa, la esposa corre y le da un gran beso y abrazo. Entran juntos a la casa, y comparten una deliciosa comida, y una apacible noche en casa.

— Este hombre, del cual estoy hablando, no es un ser extraño. ¡Eres tú! ¡Piensa en ese hombre! Dibuja el cuadro en tu mente. Míralo, y di, ¡Ese hombre soy yo!

— No pintes un cuadro de muerte. ¡No te imagines un cadáver. Conserva en tu mente la visión de ese hombre sano y triunfador, y yo voy a orar. Tú solamente mira la visión. Yo voy a orar por ti. ¿Lo harás así?

— Sí, pastor — dijo el moribundo —. Voy a cambiar mis pensamientos. Voy a cambiar mis sueños. Voy a decir que yo soy ese hombre. Voy a procurar que esa visión, y ese sueño, se hagan realidad. ¡Ya lo veo! — gritó.

Mientras yo hablaba con él llegaron el cirujano y las enfermeras. Comenzaron a cuchichear y reírse de mí. Pensaban que yo estaba medio chiflado. Pero yo hablaba muy seriamente, porque conozco la ley de la cuarta dimensión del Espíritu, y ese hombre herido había comenzado a hablar el lenguaje del Espíritu Santo.

Lo mismo que un misionero que va a un país extraño, y aprende el idioma del país, y puede comunicarse con los nacionales en el mismo lenguaje que ellos hablan, y no necesita intérprete, así este hombre moribundo había aprendido a hablar el lenguaje profundo del Espíritu Santo.

De rodillas ante su cama oré diciendo: —Querido Espíritu Santo, este hermano habla ahora tu lenguaje. Tiene una visión y un sueño. Entra en su cuerpo físico, y toma posesión de él. ¡Yo demando que este hombre sea lleno del poder de sanidad!

Súbitamente, esas enfermeras incrédulas dijeron: —Este cuarto está demasiado caliente. ¡Aquí hace mucho calor!

Pero el tiempo estaba frío. No hacía calor. Era el poder del Espíritu Santo que nos estaba calentando a todos. El cirujano y las enfermeras comenzaron a sentir el fuego. Las orejas se les enrojecieron, y el poder de Dios vino con tanta fuerza que hasta tembló la cama del herido.

Para pasmo y asombro de todo el hospital, el hermano estaba saliendo por sus propios pies a la semana de haber sido operado.

Ahora está enfrascado en su negocio de productos químicos, y le va muy bien. Cuando lo veo sentado en las bancas de la iglesia, los domingos por la mañana, digo —¡Gloria a Dios! Hemos hablado el lenguaje del Espíritu Santo. Hemos creado algo. ¡Aleluya!

Permítanme relatarles otro caso. Estaba yo un día en mi oficina cuando vino a verme una señora como de 50 años. Venía llorando. Pastor, ¡mi hogar está completamente destrozado!

—Deje de llorar —le dije—, y dígame lo que le pasa.

—Usted sabe que tenemos varios hijos, pero sólo una hija. Ella se ha hecho *hippie*, y se acuesta con amigos de mi marido y con amigos de mis hijos, andando de motel en motel, y de baile en baile. ¡Se ha convertido en la vergüenza de la familia! —dijo en medio de grandes sollozos. Mi esposo no puede ir a la oficina. Mis hijos no soportan la vergüenza, y quieren irse del hogar. He hecho todo lo que es posible de mi parte. Aun le he pedido al Señor que la mate. ¡Oh, pastor

Cho! ¿Qué puedo hacer? ¿Qué puedo hacer?

—Deje de gemir y llorar —le dije—. Ahora puedo ver claramente por qué el Señor no ha contestado sus oraciones. Usted ha estado presentando el lado malo de su hija. Cuando usted ora por ella, siempre la ve como una prostituta, ¿no es así?

La señora quedó mirándome fijamente.

—Bueno... sí... eso es lo que es ella. ¡Es una prostituta!

—Si usted quiere ver a su hija cambiada, señora —le dije— es usted la que debe cambiar la imagen mental que tiene de ella. Usted debe cambiar completamente el cuadro en su mente, y pintar en ella un nuevo cuadro.

Ella rechazó la idea diciendo: —No puedo. Ella es fea, y sucia y ruin.

—¡Deje de hablar así, por favor! —exclamé— Trate de formarse una nueva idea de su hija. Procure ver con su mente otra imagen de un árbol moteado y listado. Arrodíllese ahora, y yo me arrodillaré con usted. Vayamos a los pies del monte Calvario. Levantemos allí nuestras manos. Miremos de nuevo a Jesús crucificado, muriendo en la cruz por todos los pecadores, lacerado y sangrando.

—¿Por qué está colgado ahí Jesús? —proseguí diciendo—. ¡Por su hija! Ponga a su hija detrás de Jesús. Vea a su hija tras la cruz moteada y listada. ¿Puede ver a su hija perdonada, limpiada, nacida de nuevo y llena del Espíritu Santo, cambiada completamente? ¿Puede usted hacer un nuevo retrato de su hija, ahora a través de la sangre de Jesucristo?

—¡Oh, pastor, sí! —exclamó esa madre— Ahora veo todo diferente. Por medio de Jesús, por medio de la cruz, puedo cambiar la imagen que tengo de mi hija.

—¡Maravilloso, maravilloso! —exclamé! Voy a pintar un nuevo retrato de su hija. Y usted conserve esa clara, vívida, gráfica pintura de su hija en su mente, día tras día. Entonces el Espíritu Santo la usará a usted, porque el lenguaje del Espíritu se basa en imágenes de visiones y sueños. Ahora vamos a hacer un nuevo retrato de su hija, el retrato correcto, porque hemos ido por ella a la Cruz del Calvario.

Nos arrodillamos y oramos. —¡Oh, Señor, ahora tú puedes ver el nuevo retrato de esta niña! Querido Espíritu Santo, fluye en esta nueva imagen, esta nueva visión y sueño. Cambia, recrea, renueva. ¡Realiza el milagro!

Luego de orar despedí a la señora. Cuando ella salió llevaba una luminosa sonrisa en el rostro. Ya no lloraba más, porque había cambiado la imagen de su hija.

Pocos meses más tarde, un domingo por la mañana, la misma señora entró radiante a mi oficina. Traía con ella a una joven muy hermosa. — ¿Quién es esta joven? —le pregunté.

—¡Es mi hija! —dijo ella sonriente.

— ¿Le ha contestado Dios a usted?

Ella respondió, —¡Ah, sí, claro que sí!

Entonces me contó la historia. Un día su hija estaba durmiendo en un motel con un hombre. Cuando despertó por la mañana, súbitamente se sintió sucia, miserable, vil. Sintió una profunda infelicidad en su espíritu, y un profundo deseo de regresar a la casa. Pero tenía temor de lo que iban a decirle sus padres y hermanos. Pero de todos modos, decidió correr el riesgo.

—Voy a tratar una vez más —se dijo la chica —Y si ellos me echan, bueno, éste será mi último intento.

Se levantó, se fue a su casa y tocó el timbre. La madre salió a abrir y contempló a su hija. El rostro de la joven tenía un aspecto como si el sol hubiera salido para ella.

—Bienvenida a casa, hijita —dijo la madre, y se lanzó a abrazarla.

La hija quedó totalmente sobrecogida por el amor de

la madre. Temblaba y lloraba. Su madre había estado orando con una nueva imagen, y la imagen de la hija había cambiado. Y al llegar a casa, la madre le había abierto totalmente los brazos y la había recibido plena de amor.

La madre comenzó a llevarla a los cultos por espacio de unos tres meses. La chica escuchó con atención la predicación del Evangelio. En cierto momento, confesó su pecado, dio su corazón a Jesucristo, y recibió el bautismo en el Espíritu Santo. Llegó a ser una persona completamente nacida de nuevo, una nueva creación en Cristo. Y más tarde, hasta encontró un marido maravilloso.

Esta joven tiene ahora tres niños, y su hogar es una de las células de oración más vivas de toda la iglesia. Es una evangelista ardiente. Y todo esto sucedió porque su madre cambió su mente respecto a ella, cambió sus visiones y sus sueños, aplicando la ley de la cuarta dimensión.

Dios siempre está haciendo uso, a lo largo de toda la Biblia, de esta ley de la cuarta dimensión. Miremos, por ejemplo, a José. Antes que fuese vendido por sus hermanos como esclavo, Dios había impreso en su mente imágenes de la cuarta dimensión. Por medio de sueños le dio una visión clara de su destino, y le puso anhelos grandes en el corazón. Por eso, aun cuando fue vendido para Egipto y allá estuvo como esclavo, ya era dueño de su propia fe. Pasando el tiempo, llegó a ser primer ministro de Egipto.

Miremos a Moisés. Antes que edificara el Tabernáculo fue llevado al monte Sinaí. Allí estuvo en la presencia de Dios cuarenta días y cuarenta noches, y le fue dada una figura completa del Tabernáculo. Exactamente como lo vio en sueños y visiones, así lo edificó

Dios dio visiones a Isaías, a Jeremías, a Ezequiel, Daniel, todos ellos grandes siervos de Dios. Dios los llamó a la cuarta dimensión, y les enseñó el lenguaje del Espíritu Santo. Ellos, en respuesta, hicieron la oración de fe.

Lo mismo pasó con el apóstol Pedro. Su nombre original era Simón, que significa "caña". Cuando Pedro vino a Jesús, traído por Andrés, Jesús lo miró a los ojos y sonrió. —Sí, tú eres Simón, tú eres una caña. Tu personalidad es débil y voluble. En un momento estás enojado; al siguiente momento te estás riendo. A veces parece que estás borracho, y otras veces te muestras lúcido e inteligente.

—Realmente, tú eres como una caña, pero yo voy a hacerte tal como una roca. Simón, la "caña", muere para el mundo, y Pedro, la "roca", nace lleno de vida.

Pedro era un pescador, y sabía cuánto valía una roca firme y estable que podía servir de amarradero o fondeadero. En su imaginación comenzó a verse como una roca. Podía ver las turbulentas aguas del mar de Galilea cubrir la roca con blanca espuma, pero al momento siguiente podía verla emergiendo triunfante e invicta. Las olas vienen y van, pero la roca siempre permanece. Vez tras vez Pedro se habrá dicho a sí mismo: ¿Soy una roca, en verdad que soy una roca?

Pedro llegó a ser la roca firme de la iglesia primitiva. Pero antes que fuera cambiado en roca, Cristo lo vio en su propio corazón tal y como una roca. Que Pedro se convirtiera en un hombre firme como una roca sólida era solo cuestión de tiempo.

Dios cambió el nombre de Jacob a Israel, nombre mejor que significa "Príncipe de Dios". Jacob era astuto, falsario y engañador, pero fue nombrado príncipe. Después que se le cambió el nombre, cambió también su imagen mental de sí mismo, y con el tiempo aun el carácter de Jacob cambió.

Mucha gente no cristiana del mundo entero, está ocupada en la Meditación Trascendental y otras escuelas orientales, hindúes o budistas. En estas disciplinas se le pide al iniciado que se forme un blanco perfectamente definido. En los *sokkakakai*, los japoneses idean una imagen de prosperidad, repitiendo frase tras frase, tratando de desarrollar la cuarta dimensión espiritual humana. Y no podemos negar que estas personas están realizando algo. Mientras el cristianismo que ha estado en el Japón por más de 100 años, ha ganado apenas el 0.2 por ciento de la población para Cristo, (1 cristiano por cada 800 paganos) los *sokkakakai* tienen millones de seguidores. Es que ellos han sabido aplicar la ley de la cuarta dimensión, y han realizado milagros. Pero los cristianos sólo han hablado de teología y fe.

Las gentes están creadas a la imagen de Dios. Dios es un Dios de milagros. Por lo tanto, sus hijos nacen con el deseo de ver milagros, de realizar milagros. Si no ven milagros, no creen que su Dios sea tan poderoso.

Usted es responsable de hacer milagros para esa gente. La Biblia no pertenece a la tercera dimensión, sino a la cuarta. En ella podemos leer acerca de Dios y encontrar a Dios, y conocer la vida que El ha preparado para nostros. Podemos aprender en ella el lenguaje del Espíritu Santo. Leyendo la Biblia usted puede ampliar y profundizar sus sueños y visiones. Luego sostenga firmes esos sueños y visiones, y ore, y espere con fe que el Espíritu Santo los haga realidad.

Dios desea darle a usted los deseos de su corazón. Dios está listo a cumplir esos deseos, porque la Biblia dice: "Deléitate asimismo en Jehová, y él te dará las peticiones de tu corazón" (Salmos 37:4). También en Proverbios 10:24 puede leerse: "Pero a los justos les será dado todo lo que desean". Si usted es hijo de Dios, y tiene grandes deseos y aspiraciones, forme primero una clara visión en su corazón, luego represéntela gráficamente en su mente, orando de continuo. No se engañe a sí mismo hablando de expansión mental, o meditación trascendental, o yoga, o *sokkakakai*. Estas gentes desarrollan sólo la cuarta dimensión del espíritu humano, y en todos los casos es una cuarta dimensión mala y no buena.

Tenemos que ponernos de pie, y hacer algo más que lo que puede hacer un mago egipcio. Hay muchos magos en los muchos egiptos de este mundo, pero nosotros usemos nuestros sueños y visiones para la gloria y la honra de nuestro Santo Dios. Seamos como Moisés, que realizó los más estupendos milagros en el Nombre de Dios y por el poder de Dios.

Los milagros son cosas comunes, y esperadas por todos, en mi iglesia. Yo puedo decir por experiencia propia que el hombre no es otro animal más de la creación. Usted no es una criatura común, porque lleva la cuarta dimensión en su corazón, y es ésta cuarta dimensión la que tiene dominio sobre las otras dimensiones de la materia. Poder sobre el mundo de la línea, el mundo de la superficie y el mundo del espacio.

Por el poder de la cuarta dimensión — el reino de la fe — usted puede dar órdenes a las circunstancias y las situaciones, dar belleza a lo feo, orden a lo caótico, sanar a los enfermos y consolar a los que sufren.

Capítulo
3

EL PODER
CREATIVO DE LA
PALABRA HABLADA

Hay ciertos pasos que debemos seguir para que la fe sea debidamente incubada. Y hay una verdad central, en el reino de la fe, que debemos conocer. Y también hay un principio básico acerca de la palabra hablada que debemos comprender. De modo que deseo hablarles acerca del poder creativo de la palabra hablada, y la razón por la cual es tan importante el uso de ella.

Una mañana me estaba desayunando con uno de los neurocirujanos más famosos de Corea. El me estaba hablando acerca de los últimos descubrimientos hechos en las operaciones al cerebro. En cierto momento de su plática me dijo: — Doctor Cho, ¿sabía usted que el centro cerebral que controla el lenguaje, tiene poder y dominio sobre todos los demas centros cerebrales? Ustedes los predicadores tienen realmente poder, porque el centro de la palabra hablada tiene dominio sobre los demás centros nerviosos.

Yo me reí y le dije: — Yo sabía eso desde largo tiempo atrás.

— ¿Que usted sabía eso de antes? — preguntó extrañado — ¡Pero si esto es uno de los recientes hallazgos de la neurocirujía!

Le dije que yo había aprendido eso de parte del doctor Santiago.

—¿Quién es ese doctor Santiago? —inquirió él.

—Fue uno de los doctores más famosos de los tiempos bíblicos, unos dos mil años atrás. En el capítulo tercero de su libro, en los primeros versículos del capítulo, el doctor Santiago define claramente la actividad y la importancia de la lengua y el centro del habla.

Mi amigo estaba realmente asombrado. —¿Enseña eso la Biblia? —me preguntó.

—Sí —le contesté —"La lengua es un miembro muy pequeño, pero se jacta de grandes cosas... la lengua está puesta entre nuestros miembros, y contamina todo el cuerpo, e inflama la rueda de la creación" (Santiago 3:5-6).

Entonces este inteligente médico comenzó a exponerme sus conocimientos. Me dijo que el centro del habla, y el nervio que controla el lenguaje tienen tal poder sobre todo el cuerpo, que una persona, simplemente hablando, puede controlar todo su cuerpo y manipularlo de la manera que desea. —Por ejemplo, —me dijo —, si alguno dice "me voy a debilitar", todos los nervios de su cuerpo reciben el mensaje, y todos juntos dicen "¡Oh, prepárense para debilitarse! Porque hemos recibido órdenes de la oficina central de ponernos todos débiles". Entonces, por secuencia natural, todos ajustan su condición física a una de verdadera debilidad.

—Si alguno dice —prosiguió—, "bueno, yo no tengo ninguna habilidad, no puedo hacer este trabajo", todos los nervios del cuerpo comienzan a decir la misma cosa. "Sí, dicen todos en coro, hemos recibido instrucciones del sistema nervioso central que no tengamos ninguna habilidad, que no desarrollemos talento o habilidad alguna. Debemos prepararnos para ser parte de una persona perfectamente inútil."

—Si alguien comienza a decir, "Me estoy poniendo viejo. Me siento muy cansado y no puedo hacer nada", entonces el centro del habla se pone en funciones y da órdenes a tal efecto. Los nervios responden: "Sí, es cierto. Todos estamos viejos. Estamos listos para la tumba. Listos para desintegrarnos". Si una persona insiste en decir que ya está viejo, esa persona será pronto un cadáver.

Esta conversación tuvo mucho significado para mí, e hizo un gran impacto en mi vida. Porque podía darme cuenta de que el uso apropiado del lenguaje es la clave del éxito para una persona.

La gente está muy dispuesta siempre a hablar en términos negativos. "Muchacho, estoy realmente pobre. No tengo un cinco para darle al Señor". Y cuando tienen la oportunidad de conseguir un buen trabajo con un buen salario, entonces el sistema nervioso responde: "No soy capaz de hacerme rico porque no he recibido ninguna instrucción en ese sentido de mi sistema nervioso central todavía. Se supone que tengo que ser siempre pobre. Así que, no voy a tomar ese nuevo trabajo que me ofrecen. No soy capaz de hacer dinero".

Las cosas semejantes se atraen unas a otras, y como usted actúa como una persona pobre, se atrae la pobreza. Esta condición, si continúa, lo mantendrá eternamente pobre.

Exactamente como lo dijo la Biblia dos mil años atrás, así es en el día de hoy. La ciencia médica acaba de descubrir este principio. La gente, si quisiera, podría mantenerse diciendo: "Yo soy joven, yo soy capaz, puedo hacer ese trabajo, el trabajo de una persona joven, no importan los años que tengo ahora". Los nervios de la tal persona estarán pronto bien vivos, y por medio de hablar en esa forma, recibirán ánimo y fuerza del sistema nervioso central.

La Biblia dice que cualquiera que sabe controlar su lengua, puede controlar todo su cuerpo. Si usted se empeña en decir que es un pobre diablo, entonces todo su sistema nervioso se predispone a mantenerlo en la pobreza. Pero si usted se dice a sí mismo que es capaz de hacer de todo, y que tendrá éxito en todo lo que emprende, entonces su sistema lo prepara para triunfar en la vida. Usted estará listo para hacer frente a cualquier desafío, y listo para triunfar también. Por esta razón usted no debería nunca hablar en sentido negativo.

En Corea tenemos la costumbre de mencionar a cada rato la palabra "muerte". Las expresiones más comunes son: "¡Uf, hace un calor que mata!", o "¡He comido tanto que me estoy muriendo!", o si no, "¡Casi me muero del susto!". Los coreanos hacen uso repetido de tales expresiones negativas. Esta es la razón por la cual los coreanos hemos estado en continuas guerras, y muriendo a todo lo largo de los cinco mil años de nuestra historia. Mi generación nunca ha visto una paz total en mi país. Yo nací durante la segunda guerra mundial, crecí bajo la guerra de Corea, y ahora vivo en un país al borde de la guerra.

Antes que usted pueda ser cambiado, tiene que cambiar su lenguaje. Si no cambia su lenguaje previamente, no puede cambiarse a sí mismo. Si quiere que sus hijos cambien, tiene que enseñarles a hablar el lenguaje apropiado. Si quiere ver a los jóvenes rebeldes e irresponsables cambiados en adultos justos y responsables, tiene que enseñarles a hablar el nuevo lenguaje.

¿Dónde podemos aprender el nuevo lenguaje? Del mejor lenguaje de todos: ¡La Santa Biblia! Lea la Biblia, desde Génesis hasta Apocalipsis. Adquiera el lenguaje de la Biblia, hable la palabra de fe. Alimente su sistema nervioso con un lenguaje creativo, constructivo, edificante, progresivo y victorioso. Hable con las palabras de la Biblia, repítalas, repítalas constantemente, hasta que ellas tomen posesión de su mente y de su cuerpo. Entonces será un hombre realmente victorioso, porque estará en condiciones de hacer frente a todas las circunstancias, y todo su medio ambiente, con una actitud de fe. Solo así obtendrá éxito. Esta es la primera razón importante para usar la palabra hablada: crear poder para vivir una próspera y triunfal vida personal.

Hay una segunda razón por la cual necesitamos usar el poder creativo de la palabra hablada. No solamente puede ayudarnos a tener éxito en nuestra vida personal, sino que el Espíritu necesita usarnos a nosotros para dar cumplimiento a los propósitos de Dios.

Cuando comencé mis primeros años como ministro del evangelio, sentía la lucha que llevaba. Sobre todo cuando tenía que predicar, y sentía estorbos y contrariedades en mi espíritu. Entonces el Espíritu de Dios bajó a mi espíritu, y fue algo como si estuviera viendo televisión. Podía ver, en la pantalla de mi mente, desaparecer crecimientos cancerosos, sanar pulmones afectados de tuberculosis, paralíticos que arrojaban súbitamente sus muletas, y salían caminando.

Corea está a tan gran distancia de los EE.UU. que yo podía oír muy poco acerca de campañas de sanidad. Los pocos misioneros norteamericanos que me rodeaban, conocían muy poco del ministerio de sanidad. Cuando yo les preguntaba algo acerca de ellos, me dejaban más confuso que antes.

Llegué a la conclusión que esto era un estorbo creado por Satanás. Cada vez que me pasaba esto, decía para mí: — ¡Espíritu de estorbo e impedimento!, ¡vete de mí! Te mando que te vayas. ¡Fuera de mí!

Y cuanto más mandaba a este mal espíritu que se alejara de mí, más visiones tenía de gente sanándose. Llegué a desesperarme tanto que casi no podía predicar. Las visiones aparecían constantemente delante de mí. Hice de todo el asunto un problema de ayuno y oración. Quedé esperando delante del Señor.

Entonces oí en mi corazón al Señor que decía: —"Hijo, esto no es un impedimento de Satanás. Es un deseo visual del Espíritu Santo. Es la palabra de sabiduría y conocimiento. Dios desea sanar toda esa gente, pero Dios no los va a sanar antes que tú hables."

—No —repliqué yo—. Yo no creo en eso. Dios puede hacer cualquier cosa sin necesidad de que yo diga una palabra.

Más tarde, leyendo la Biblia, en el primer capítulo del Génesis, encontré estos versículos: "Y la tierra estaba desordenada y vacía, y las tinieblas estaban sobre la faz del abismo, y el Espíritu de Dios incubaba sobre la faz de las aguas" (Génesis 1:2). Pero nada sucedía. Entonces el Señor me reveló una importante verdad. "Ahí estaba —me dijo— el Espíritu Santo incubando sobre las aguas. Pero, ¿sucedió algo especial en ese tiempo?

—No —dije yo—, nada sucedió.

Entonces siguió hablando el Señor: "Tú puedes sentir la presencia del Espíritu Santo en tu iglesia, la palpitante, penetrante presencia del Espíritu Santo —pero nada sucederá. Ninguna alma será salvada. Ningún hogar deshecho será reconstituido, hasta que tú hables la palabra. No te lo pases mendigando y mendigando que suceda algo. Da la palabra. Permíteme tener el material con el cual yo pueda hacer algo, hacer que ocurran milagros. Como yo lo hice al crear el mundo, di: "Sea la Luz", "Sea el firmamento".

Llegar a comprender esta verdad marcó un punto culminante de mi vida. Inmediatamente pedí perdón a Dios. —Señor, lo siento. Desde ahora en adelante, voy a pronunciar la palabra.

Pero todavía tenía algo de temor, porque nadie me había enseñado nada acerca de esos versos. Tenía temor de que nada sucediera cuando pronunciase la palabra. ¿Qué diría la gente de mí? Así que volví a hablar con el Señor. —Señor, ya que todo esto me asusta un poco, no voy a empezar a pronunciar la palabra de sanidad a los paralíticos y enfermos graves que he visto en visión. Voy a comenzar con aquellos que sólo tienen dolor de cabeza.

Pasado esto, cuando volví a predicar, vi de nuevo visiones de sanidad que brotaban de mi espíritu. Pero cuando con los ojos de mi mente veía paralíticos caminando, o tumores cancerosos desapareciendo, trataba de ignorarlos. Podía, sí, decir con toda confianza, "Si alguien tiene dolor de cabeza, que sea sanado". E instantáneamente esa persona se sanaba. Y yo me asombraba de ver cómo sucedían estas cosas sólo con mencionar la palabra.

Poco a poco fui ganando coraje. Comencé a hablar de casos de sinusitis, que habían sido curados. Luego de sordos que habían recuperado el oído. Y finalmente, las sanidades que había visto en mis visiones. Ahora en mi iglesia, cada domingo, cientos de personas reciben sanidad por ese mismo medio. Debido a que el tiempo es muy limitado, y tenemos muchos servicios, debo actuar rápidamente. Cuando estoy de pie, el Señor me muestra las sanidades que se van a realizar, y yo puedo pronunciar la palabra para que esas sanidades se exterioricen. Simplemente, cierro mis ojos, y hablo. Como testimonio del hecho de que han sido sanados, la gente se pone de pie. Se paran cuando la enfermedad específica que los ha aquejado ha salido de ellos. Casi toda la gente que viene al culto en esta parte del servicio, testifica de haber sido sanada.

Así aprendí un secreto; antes que usted pronuncie la palabra, el Espíritu Santo no tiene el material adecuado con el cual crear. Si el Espíritu Santo imparte fe a su corazón para remover una montaña, no mendigue suplicando que la montaña sea removida. Mejor, dé firmemente la palabra. "¡Desarráigate y plántate en el mar!" Y ella lo hará. Si usted aprende esto, y adopta la costumbre de hablar bajo la unción del Espíritu Santo, y con la fe que Dios le da, comenzará a ver muchos milagros en su vida.

El tener que ejercer el ministerio ante un auditorio de cincuenta mil personas no es cosa fácil. Tengo en mi iglesia un servicio telefónico que trabaja 24 horas al día. Varios asistentes atienden los llamados y dan consejos e instrucciones. Yo procuro que el número de mi casa no figure en la guía de teléfonos. Pero siempre la gente termina por descubrir mi número y el aparato empieza a sonar desde muy temprano por la noche hasta casi el amanecer.

Hay veces que estoy descansando cómodamente en mi cama. Entonces suena el teléfono a las diez de la noche. —Pastor —dice una voz—, mi nieto tiene mucha fiebre. Por favor, ore por él.

A las once suena otra vez el teléfono. —Mi esposo no ha regresado aún del trabajo. Por favor, ore por él.

Y yo oro.

A las doce de la noche vuelve a sonar el teléfono y una mujer llorando me dice —Vino mi esposo y me pegó. ¡Oh, esto es terrible, ya no deseo vivir!

Entonces, tengo que orar por ella.

A la una de la mañana recibo un llamado de un hombre que está borracho y me dice:— Mi esposa asiste a su iglesia. ¿Qué le enseña usted para que se porte de esa manera?

Entonces le doy una larga explicación.

En la madrugada llega un llamado del hospital. —Pastor, tal persona está agonizando. ¿Podría venir usted y orar por ella? Su último deseo antes de morir es verlo a usted. De modo que arrojo las cobijas y hago planes para ir corriendo al hospital.

Suena tantas veces el teléfono que por momentos renuncio y exclamo —¡Yo no puedo continuar en esta forma! Descuelgo el tubo y me voy a la cama.

Pero entonces el Espíritu Santo me habla al corazón. —"¿Eres tú un buen pastor? Un buen pastor nunca abandona a sus ovejas." Me arrepiento, y vuelvo a poner el tubo en su lugar. Empero tengo una ventaja: cuando salgo a predicar fuera de mi país, duermo las noches enteras.

Una noche, cuando era invierno y hacía mucho frío, y yo estaba cómodamente acostado y a punto de dormirme, sonó el teléfono. Un hombre que yo ya conocía, me llamó para preguntarme, —Pastor, ¿me conoce usted?

—Por supuesto que sí. Yo los casé a ustedes.

—Bien. Yo he tratado de llevarme bien con mi esposa, con toda mi alma, durante dos años. Pero parece que la cosa no anda —me dijo—. Esta noche hemos tenido una gran discusión y hemos decidido divorciarnos. Hemos dividido todas nuestras pertenencias, pero queda solo una cosa. Hemos decidido, de común acuerdo, invitarlo a usted para que venga y nos dé su bendición. Hemos sido casados bajo su bendición, y ahora queremos divorciarnos bajo su bendición también.

¡Que proposición más rara para un pastor! Casar a una pareja con las más rosadas esperanzas, y a los dos años ir a darles la bendición cuando se divorcian.

—¿Pueden ustedes esperar hasta mañana? —le dije—. Hace mucho frío, y yo ya estoy en cama.

—Pastor —volvió a decir él—, mañana puede ser demasiado tarde. Nos estamos separando ya mismo. No queremos que usted nos predique. Es demasiado tarde para eso. Ya estamos fuera de todo alcance. Solamente venga y denos su bendición, para que podamos divorciarnos felizmente.

Salté de la cama y me fui a la sala. Estaba lleno de ira contra Satanás. — Esta no puede ser la obra del Espíritu Santo — me dije —. ¡Tiene que ser la obra de Satanás!

Me puse a orar y entré inmediatamente en la cuarta dimensión. Ya que visiones y sueños son el lenguaje del Espíritu Santo en la cuarta dimensión, yo podía incubar sobre la tercera dimensión y corregirla. Me arrodillé, cerré los ojos, y a través de la Cruz de nuestro Señor Jesucristo, con la ayuda del Espíritu Santo, comencé a ver este matrimonio solucionando sus problemas, y juntos otra vez. Todo lo vi claramente en visión, y entonces simplemente oré: — ¡Oh, Señor, hazlo tal y como me lo has mostrado!

Mientras oraba tuve un toque de fe, y en el nombre de Jesús cambié la situación en la cuarta dimensión. La cuarta dimensión, y su estupendo poder positivo, eran míos. Así que, con toda confianza, me encaminé al apartamento de la pareja.

Ellos vivían en un apartamento fantásticamente lujoso. Era una casa llena de todo el confort moderno imaginable, pero al entrar sentí un frío de muerte. Era el odio que existía entre marido y mujer. Uno puede tener todos los bienes materiales que en este mundo da el dinero, pero si hay odio en la familia, esas riquezas materiales no son ninguna bendición.

Cuando entré, el hombre estaba sentado en la sala y la esposa estaba en el dormitorio. No bien llegué el hombre empezó a hablar precipitadamente. No tenía más que detracciones para la esposa. Entonces la esposa salió del cuarto como una tromba. — ¡No lo escuche a él, pastor! ¡Escúcheme a mí!

Enseguida se puso a hablar ella también detracciones contra su marido.

Yo escuchaba al marido y me parecía que tenía

razón. Escuchaba a la esposa, y me parecía que tenía razón ella. Cada uno parecía tener razón cuando hablaba. Yo estaba hecho un sandwich entre los dos.

Ambos coincidían en una sola cosa. Su matrimonio estaba definitivamente roto, y no había arreglo posible. —No ore por nosotros —me decían los dos a la vez — Ore por nuestro divorcio.

Pero yo ya había dominado esta situación en la tercera dimensión por usar el poder de la cuarta dimensión, dentro de mi propio corazón. Me sentía lleno de confianza de modo que tomé la mano del esposo, y luego tomé la mano de la esposa.

Y dije: —En el nombre de Jesucristo, ordeno que sean aflojadas las tenazas de odio de esta pareja. Y en este momento, en el poderoso nombre de Jesucristo, mando que estos dos sean unidos de nuevo. Que vuelvan a ser suaves, amorosos, cariñosos, y se regocijen el uno en el otro.

Sentí caer en mi mano una cálida gota, y cuando miré al hombre estaba llorando. Sus lágrimas rodaban por sus mejillas.

—¡Gracias, Señor, esto va bien! —dije para mis adentros.

Cuando miré a la esposa vi que estaba llorando también. En un gesto simple, como lo había hecho dos años atrás, junté sus manos, y dije: —Lo que Dios ha unido, ningún hombre lo separe.

Enseguida les dije: —Me voy.

Los dos me acompañaron hasta la puerta y allí me dijeron —Adiós, pastor.

—¡Alabado sea el Señor! —exclamé—. ¡La cosa marcha!

Al domingo siguiente estaban los dos en el coro de la iglesia, cantando maravillosamente. Después del servicio estreché sus manos, y pregunté a la esposa: —¿Qué fue lo que pasó?

—Bueno, no sabemos —me respondió—. Pero cuando usted nos dijo esas palabras, y nos dio esa orden tan terminante, algo pareció romperse en nuestros corazones. Parecía como si una gran pared hubiera sido derribada, y los dos quedamos profundamente conmovidos. Nos dimos cuenta que podíamos probar otra vez, los dos al mismo tiempo. Después que usted se fue, pasamos el resto de la noche desempacando nuestras cosas. Ahora nos ponemos a pensar por qué discutíamos tanto, y por qué estábamos pensando en divorciarnos. ¡Ahora nos amamos el uno al otro mucho más que antes!

El Espíritu Santo tiene necesidad de ambos, de su palabra y de la mía. Si yo simplemente les hubiera dado consejos como cualquier consejero matrimonial, o aun hubiera orado silenciosamente por su situación, no hubiera conseguido nada, hubiera errado el blanco. Pero pronuncié la palabra, palabra de fe, y la cosa se realizó. El Espíritu Santo necesita de su palabra, palabra bien definida, de visión y fe.

Jesús usó la palabra hablada para crear y para transformar y para cambiar situaciones. Lamentablemente, la iglesia de Jesús parece haberse convertido en una perpetua mendiga. Siempre plañiendo y mendigando, con temor de hablar la palabra de fe, y dar órdenes. Necesitamos recuperar el arte perdido de la palabra que manda.

Hay una tercera razón para usar el poder de la palabra hablada. Por medio de ella usted puede producir, o poner en libertad, la presencia de Jesucristo. En Romanos 10:10 puede leerse: "Con el corazón se cree para justicia, pero con la boca se hace confesión para salvación". Es por medio de la confesión de fe (confesión verbalizada en palabras claras) que él puede apropiarse la salvación que sólo viene por Jesucristo.

No se dice en este pasaje que es necesario que alguien suba a los cielos para traer abajo a Jesucristo a fin de que dé salvación. Lo que dice es que las palabras que uno expresa pueden traer cerca la salvación. Porque esas palabras están en el corazón y la boca.

¿Dónde está Jesús en todo este proceso? ¿Cuál es su dirección? No está arriba en el cielo. No está abajo en la tierra. Jesús está en su Palabra.

¿Dónde están las palabras que pueden resultar en salvación? Esas palabras están en su boca y en su corazón. Jesús está limitado a lo que usted habla. De la misma manera que puede usted producir la presencia de Jesús, usted también puede dar libertad al poder de Jesús por la palabra hablada. Si usted no verbaliza claramente la palabra de fe, la presencia y el poder de Jesús nunca pueden ser hechos eficaces.

La Biblia dice: "Todo lo que atéis en la tierra, será atado en el cielo; y todo lo que desatéis en la tierra será desatado en el cielo" (Mateo 18:18). Usted tiene la responsabilidad de llevar y traer la presencia de Jesús.

Cuando tengo reunión de comisión con mis 75 pastores ayudantes, les doy un mandamiento estricto: "Es responsabilidad de ustedes crear la presencia de Jesús dondequiera que vayan. Poner en libertad de acción a Jesús, para que El se haga cargo de las necesidades específicas de la gente, eso es lo que ustedes deben hacer".

Permítanme dar varios ejemplos.

En nuestro vecindario hay varias iglesias que pertenecen a diversas denominaciones. En una iglesia presbiteriana el pastor habla solamente de la experiencia del nuevo nacimiento. Habla firmemente sólo acerca de la experiencia de salvación. De modo que cuando predica está dando libertad a Jesús para que produzca en la gente el nuevo nacimiento. La gente viene a su iglesia, recibe la salvación, y se queda contenta disfrutando solamente de eso.

La Iglesia de Santidad, que está una cuadra más allá, habla acerca de la experiencia de santificación. "Sed santos, sed santos" repiten constantemente. Mucha gente viene y recibe el toque de la santificación. El pastor de ellos, sólo está creando la presencia de Cristo Santificador.

Pero en mi iglesia yo predico acerca del Señor Jesús que salva, que santifica, que bautiza con el Espíritu Santo, y que sana a los enfermos. En nuestra iglesia presentamos todos esos aspectos. Procuramos crear la presencia completa, la presencia del Señor que todo lo puede, todo lo hace y todo lo abarca.

Usted puede crear la presencia de Cristo sólo con su boca. Si usted habla acerca de salvación, aparece la figura del Cristo que salva. Si habla acerca de la sanidad divina, aparece Cristo el Sanador. Si usted habla del Señor que obra milagros, entonces pone en libertad la presencia del Señor que opera milagros. El Señor todopoderoso está limitado por sus labios y sus palabras. El depende enteramente de usted cuando está predicando, y si usted no habla claramente de él por miedo de Satanás, ¿cómo puede Jesús manifestar su poder en medio de su generación? De modo que hable siempre osada e intrépidamente.

Muchas personas tienen problemas con sus familias porque en sus casas no hay altar familiar. Si el padre mantiene el altar familiar, y habla claramente acerca de la presencia de Jesucristo en el hogar y la familia, puede crear la presencia de Jesús, y Jesús puede hacerse cargo de todos los problemas de esa familia. Pero como muchos descuidan el altar familiar, descuidan hablar claramente de la presencia de Jesús, y sus hijos carecen entonces de la completa bendición de Dios.

Usted no necesita esperar hasta recibir un don especial del Espíritu. Yo siempre digo que los dones espirituales residen en el Espíritu. Usted, por sí mismo, nunca puede ser poseedor de un don espiritual.

Supongamos que yo tengo el don de sanidad. Entonces, indiscriminadamente, yo podría sanar a cualquiera que viniera a mí pidiendo que lo sane. Si yo tengo el don, puedo sanar a quien quiera. No estaría discerniendo clara o justamente. Es el Espíritu Santo el que ve las necesidades específicamente, y entonces permite la manifestación de un don fluir a través de alguien para suplir esa necesidad.

Es importante recordar que todos los dones residen en el Espíritu, porque es el Espíritu Santo el que habita en la iglesia. Y habita dentro de usted. Por medio de El usted puede tener cualquier tipo de ministerio. Ministerio de enseñanza, ministerio de evangelización, ministerio de misiones, ministerio pastoral, y ministerio de sanidad divina. Por medio de usted como canal, el Espíritu se manifiesta a sí mismo. Por eso, no debiera preocuparse por recibir este o aquel don especial.

Sea osado. Reciba el don de la osadía y la intrepidez. Hable la Palabra de Dios con firmeza, y produzca una presencia específica de Jesús. Libere esa específica presencia en medio de la congregación, y verá resultados también específicos. Un padre puede crear la presencia de Jesús en su hogar, y Jesús hacerse cargo de todos los problemas de la familia. Así procedo yo, cuando vengo a mi iglesia para predicar el mensaje. Siembro la semilla específica, para tener grandes resultados.

Veo una gran falla en los cultos que se realizan en Estados Unidos. Los pastores predican sermones fantásticos, verdaderas piezas de oratoria. Pero no bien terminan el sermón despiden a la congregación y todos se van. No le dan tiempo a los oyentes para que se lleven el fruto de los mensajes que han oído. Reciben todas las palabras habladas del mensaje, pero no tienen tiempo para orar, para que esa palabra implantada venga a ser parte de sus vidas.

Los cultos son demasiado breves (una hora por regla general), y la congregación es despedida demasiado pronto. Déle tiempo a su congregación. Acorte los preliminares y los números especiales. Pronuncie la palabra, y conceda tiempo a la congregación para que ore durante más largo rato, todos juntos. Déles tiempo para que digieran la palabra ingerida. Si hace esto, verá más y mejores resultados en su labor pastoral.

No olvide que, después de todo, sus palabras moldean su vida. Porque el centro nervioso de la palabra controla todos los demás centros. Por eso es que el hablar en otras lenguas es el signo inicial del bautismo en el Espíritu Santo. Cuando el Espíritu se apodera del centro nervioso de la palabra, ejerce control de todos los otros nervios del cuerpo, y controla todo el organismo. Cuando hablamos en otras lenguas, es porque estamos llenos del Espíritu Santo.

Hable la palabra para controlar y sujetar totalmente su cuerpo y su vida. Dé la palabra al Espíritu Santo, así El puede crear algo. Entonces produzca, y ponga en libertad, la presencia del Señor Jesús por medio de la palabra hablada.

Predique la Palabra. La palabra hablada tiene todo el poder, y cuando usted suelta esa palabra, es la palabra, y no usted la que opera los milagros.

Dios no lo usa a usted con poder porque usted está santificado, porque mientras dure su vida terrenal, durará su lucha con la carne. Dios lo usa a usted con poder porque usted tiene fe. Así que, hermanos y hermanas, usemos la palabra hablada para tener éxito en nuestra vida personal; para cosas que el Espíritu Santo pueda crear, y para el propósito de crear y dar libertad de acción a la presencia de Jesús.

Recuerde que Cristo depende de usted, y de su palabra hablada, para manifestar su presencia. ¿Qué va a hacer usted con ese   Jesús que está a flor de labios? ¿Lo va a soltar, para que sea de bendición a otros? ¿O le va a poner candado por medio de una lengua que no se mueve y una boca que no se abre?

Que Dios lo bendiga mientras usted adopte su decisión.

Capítulo
4

RHEMA

La palabra hablada tiene una creatividad asombrosa, y su uso apropiado es vital para la vida cristiana victoriosa. Sin embargo, esta palabra hablada debe tener su base correcta para ser realmente eficaz. El principio para descubrir esta base correcta es una de las porciones más importantes de la Palabra de Dios. Es acerca de este tópico que quiero conversar hoy con ustedes.

Cierto día trajeron a mi oficina una señora que venía paralizada de la cabeza a los pies. No podía siquiera mover los dedos. Cuando la vi tendida en la camilla, comencé a sentir una sensación extraña. Sentía algo en mi corazón, como supongo habrá sentido aquel hombre que estaba en el estanque de Betesda. Una sensación como que algo iba a suceder.

Cuando me paré al lado de la señora y la miré a los ojos, me di cuenta que tenía fe para ser sanada. No una fe muerta, sino una fe viviente. La toqué en la frente con la mano, y le dije: — Hermana, en el nombre del Señor Jesús, sé sana de tu enfermedad.

El poder de Dios bajó inmediatamente, y ella fue instantáneamente sanada. Se incorporó de la camilla asombrada, asustada y electrizada.

Algunos días más tarde vino a mi casa para traerme un regalo. Después de entrar a mi estudio me preguntó — ¿Puedo cerrar la puerta, por favor?

—Sí —repliqué—. Puede cerrarla.

Entonces ella se arrodilló delante de mí, maravillada todavía por haber sido sanada, y dijo: — Señor, por favor, revélate a mí. ¿Eres tú la segunda encarnación de Jesús?

Yo me reí.

—Querida hermana —le dije—, usted debe saber que yo como tres comidas diarias, tengo que ir al baño, y duermo todas las noches. Soy tan humano como usted, y la única manera que tengo yo de ser salvo, es por medio del Señor Jesús.

La sanidad de esta mujer había sido tan notable, que la noticia se regó por todas partes. Poco después una mujer muy rica vino a la iglesia. A ella también la traían en una camilla. Había sido cristiana ya por largo tiempo, y diaconisa de la iglesia. Había aprendido de memoria una escritura tras otra respecto a la sanidad divina. "Yo soy Jehová, tu sanador" (Éxodo 15:27). "Por su llaga fuimos nosotros curados" (Isaías 53:5). "El mismo tomó nuestras enfermedades y llevó nuestras dolencias" (Mateo 8:17). "Y estas señales seguirán a los que creyeren... sobre los enfermos pondrán las manos, y sanarán" (Marcos 16:1-18).

Con tanta base bíblica, oré por ella poniendo todo mi poder. Pero nada sucedió. Entonces grité, repitiendo las mismas palabras, la misma oración reclamando sanidad. Usé versículos de la Palabra de Dios, y hasta di saltos. Pero nada sucedió. Le dije que, por fe, tratara de ponerse en pie. Lo hacía mientras yo la tenía de la mano, pero no bien la soltaba, la pobre caía como un tronco. Volví a decirle: —Tenga fe, y póngase de pie.

Otra vez se puso de pie y otra vez volvió a caer como un tronco. Me dijo que ella tenía toda la fe del mundo, pero que su fe no daba resultados. Yo quedé realmente deprimido, y ella empezó a llorar. Me dijo: —Pastor, usted tiene prejuicios contra mí. Usted ama a esa otra señora más que a mí, por eso la sanó a ella y a mí no. Usted no me ama, por eso yo seguiré enferma. Usted tiene prejuicios.

—Hermana —repliqué— yo he hecho de todo, usted lo ha visto. He orado, he gritado, he saltado, he llorado. He hecho todo lo que un buen predicador pentecostal puede hacer, pero nada ha sucedido. ¡No puedo comprenderlo!

Este enojoso problema, de que algunos se sanen con una sola oración, y otros no se sanen nunca, no estuvo limitado en mi iglesia a este solo caso. Por mi iglesia han pasado famosos evangelistas conocidos mundialmente. "¡Todos ustedes serán sanados, todos ustedes serán sanados!" Luego predican la palabra de fe, y muchos son sanados.

Después estos evangelistas se van, se llevan toda la gloria, y me dejan a mí para tratar con todos los enfermos que no fueron sanados. Los pobres vienen a mí descorazonados, hundidos y desesperados, y se quejan. —Nosotros no hemos sido sanados. Dios nos ha abandonado. Se ha olvidado de nosotros. ¿Por qué tenemos que seguir sufriendo y luchando, y venir aquí a ver si tenemos fe en Jesús?

Yo me aflijo y oro y lloro. — ¿Por qué, Padre? ¿Por qué tiene que ser así? Por favor, Padre, dame una respuesta, una respuesta bien clara y comprensible.

Y él me dio esa respuesta. De modo que voy a compartir esa respuesta con ustedes. Y algunas de las cosas que me condujeron a recibir esta comprensión.

La gente piensa que puede creer en la Palabra de Dios. La verdad es que puede, pero falla al no conocer la diferencia que hay entre la Palabra de Dios que da conocimiento general acerca de Dios, y la Palabra de Dios que es usada para impartir fe acerca de circunstancias y problemas específicos. Esta última fe, es la que produce los milagros.

En el idioma griego hay dos palabras diferentes que se traducen "palabra". Una es *logos*, la otra es *rhema*. El mundo fue creado por la Palabra, el *logos* de Dios. *Logos* es la palabra de Dios que se extiende de Génesis hasta Apocalipsis, porque toda esa palabra, directa o indirectamente, nos habla de Jesucristo, la Palabra, o *Logos*. Leyendo el *logos*, de Génesis a Apocalipsis, usted puede recibir todo el conocimiento que necesita acerca de Dios y sus promesas. Pero solo por leer usted no recibe fe. Usted recibe conocimiento y comprensión de Dios, pero no recibe fe.

Romanos 10:17 nos hace ver que el material que se usa para edificar la fe es algo más que la mera lectura de la Palabra de Dios. "La fe es por el oír, y el oír, por la palabra de Dios". Específicamente hablando, la fe viene por el oír del *rhema*.

El Dr. Ironside define en su "Léxico Griego" la palabra *logos* como "la palabra dicha de Dios"; y *rhema*, como "diciendo la Palabra de Dios". Muchos eruditos definen esta acción de *rhema* como si el Espíritu estuviera tomando algunos versículos de la Palabra de Dios y vivificando con ellos a una determinada persona. He aquí mi propia definición de *rhema*: "*Rhema* es una palabra específica, dada a una persona específica, en una situación específica".

Cierta vez en Corea, una señora de nombre Yun Hae Kyung, tenía grandes concentraciones juveniles en las montañas de Samgak. Esta señora tenía un gran ministerio. Cuando ella predicaba, y se paraba delante de la plataforma, la gente pasaba al frente y caía al suelo como herida por el rayo, tocados por el poder del Espíritu. Muchos eran los jóvenes que acudían a sus reuniones. En la ocasión que les cuento, esa señora tenía reuniones juveniles en Samgak con miles y miles de gentes jóvenes asistiendo cada noche.

Durante esa semana de juventud llovió torrencialmente. Todos los ríos se desbordaron. Un grupo de jóvenes, que deseaba asistir al culto esa noche llegó a la orilla de un río. Las reuniones eran en el pueblo, al otro lado del río. Pero el río venía muy crecido, no había puentes ni botes a la vista, y los jóvenes se desalentaron.

Pero tres chicas se juntaron y dijeron — ¿Por qué nosotras no podremos cruzar este río? Pedro caminó sobre las aguas, y el Dios de Pedro es nuestro Dios también. El Jesús de Pedro es el Jesús nuestro también. Y la fe de Pedro, es nuestra fe. Pedro creyó y caminó sobre las aguas. Nosotras creemos, y vamos a caminar sobre las aguas también.

El río estaba muy crecido y la corriente era fuerte. Las tres chicas se arrodillaron, se tomaron de las manos, y citaron la Escritura, mencionando a Pedro caminando sobre las aguas. Dijeron a todos que ellas repetirían el milagro. A la vista de todos los demás jóvenes, entraron resueltamente en las aguas.

Se sumergieron inmediatamente. Tres días después sus cadáveres fueron hallados flotando en el mar.

Este triste caso tuvo repercusión en toda Corea. Los periódicos no cristianos atacaron la fe. Traían titulares tales como éste "El Dios de los cristianos no pudo salvarlas", o éste "¿Por qué su Dios no contestó sus oraciones llenas de fe?".

Los incrédulos tuvieron un tiempo de triunfo con esta tragedia, y la iglesia cristiana experimentó una derrota y vino un aplastamiento general. Vino una verdadera baja de valores en la Bolsa espiritual. Muchos se sintieron deprimidos y desalentados, y no tenían palabras para responder a los reproches y acusaciones.

El caso de las tres chicas ahogadas llegó a ser tópico general en todo el país, y muchos cristianos volvieron atrás. Habían sido buenos cristianos, pero después de este aparente fracaso decían. "Estas chicas creyeron lo mismo que nos enseñan los pastores. Ellas pusieron en ejercicio su fe. Los pastores urgen continuamente al pueblo a tener fe en la Palabra de Dios. Estas chicas hicieron justamente eso. ¿Por qué Dios no les contestó? Jehová Dios no debe ser un Dios viviente. No debe ser nada más que otra religión formalista, y nosotros nos hemos envuelto en ella.

¿Qué clase de respuesta se le podría dar a esa gente? Esas niñas habían creído. Habían ejercido fe en la Palabra de Dios.

Pero Dios no tenía razón para apoyar su fe. Pedro nunca caminó sobre las aguas por razón del *logos*, el cual provee información general acerca de Dios. Pedro demandó que Cristo le diera una palabra específica para él. Dijo: "Señor, si eres tú, manda que yo vaya a ti sobre las aguas" (Mateo 14:28).

Jesús contestó: "Ven".

La palabra que Jesús le dio a Pedro no era *logos*, sino *rhema*. Jesús dio una palabra específica, *ven*, a una persona específica, *Pedro*, en una ocasión específica, *la tormenta*.

Rhema trae fe. La fe viene por el oír, por el oír de *rhema*. Pedro nunca caminó sobre las aguas sólo por el conocimiento de Dios. Caminó porque recibió *rhema*.

Pero esas tres chicas solo tenían *logos*, un conocimiento general de Dios y del milagro de andar sobre las aguas, y en este caso específico de la obra de Dios a través de Pedro. Ellas ejercieron una fe humana en *logos*, y ese fue su error. Dios, por lo tanto, no tenía responsabilidad de responder a esa fe. La diferencia en el modo en que estas tres chicas y Pedro ejercieron fe, es una diferencia como del día a la noche.

Dos años atrás dos estudiantes del Instituto Bíblico fallaron completamente en su primera empresa ministerial. Los dos habían sido discípulos míos. Habían escuchado mis conferencias, y como concurrían a mi iglesia, habían aprendido algo acerca de los principios de fe.

Comenzaron su ministerio con lo que parecía un gran acopio de fe. Se valían de escrituras tales como éstas: "Abre tu boca, y yo la llenaré" (Salmo 81:10), "Si algo pidiéreis en mi nombre, yo lo haré" (Juan 14:14).

Fueron a un banco y sacaron un préstamo por una gran cantidad de dinero. Después fueron a visitar a un hombre muy rico, y le pidieron prestada otra gran cantidad de dinero. Con este dinero compraron un terreno y edificaron una bonita capilla, sin tener todavía una congregación. Empezaron a predicar, esperando que la gente le cayera por cientos. Confiaban en sacar muchas ofrendas y pagar así las cuotas de los préstamos. Pero nada sucedió.

Uno de estos jóvenes había pedido prestados treinta mil dólares. El otro cerca de cincuenta mil. Pronto les cayeron los acreedores deseando cobrar sus cuentas. Los jóvenes se vieron muy apretados y llegaron al punto casi de perder la fe.

Entonces los dos acudieron a mí. Los dos lloraron. —Pastor Cho, ¿por qué su Dios y nuestro Dios son diferentes? Usted comenzó con 2.500 dólares y ahora ha completado un proyecto de cinco millones. Nosotros hemos construido una iglesia que nos costó 80.000. ¿Por qué Dios no nos contesta a nosotros? Creemos en el mismo Dios, tenemos la misma fe, ¿por qué El no nos ha respondido a nosotros?

Entonces comenzaron a citar versículos de la Biblia con promesas tanto del Antiguo como del Nuevo Testamento, agregando, — Nosotros hicimos exactamente como usted nos enseñó, y fracasamos.

Entonces les dije — Me alegra que hayan fracasado después de seguir mi palabra. Ustedes son buenos discípulos míos, pero no del Señor Jesucristo. Han entendido muy mal mis enseñanzas. Yo comencé la obra de mi iglesia dirigido por *rhema*, no por *logos*. Dios habló claramente a mi corazón diciendo: "Levántate, ve y edifica una iglesia para diez mil personas." Dios me impartió su fe, y yo fui, y el milagro ocurrió. Pero ustedes fueron solamente con *logos*, un conocimiento general acerca de Dios y su fe. Por lo tanto, Dios no tenía obligación de apoyarlos y sostenerlos a ustedes en sus empresas, aun cuando el ministerio que ustedes hacían era para el Señor Jesús.

Hermanos y hermanas, por medio de *logos* ustedes pueden conocer a Dios. Pueden adquirir conocimiento de quién o qué es Dios, pero *logos* no siempre se hace *rhema*.

Supongamos que un hombre enfermo acude al estanque de Betesda y dice a los reunidos allí: —"Eh, tontos, ¿Qué están haciendo aquí? Este es el mismo estanque de siempre, con la misma agua, en el mismo lugar. ¿Por qué tienen que estar esperando día tras día? Yo voy a meterme ahora mismo en el agua".

Enseguida se mete en el agua y se baña todo lo que quiere. Pero cuando sale del agua está tan enfermo como antes. Era solamente después que el ángel del Señor revolvía el agua que la gente podía meterse dentro y recibir sanidad. Siempre era el mismo estanque, con la misma agua. Pero solamente cuando el ángel de Dios removía el agua se producían los milagros.

Rhema sale de *logos*. *Logos* es igual que el estanque de Betesda. Usted puede oír la Palabra de Dios, y puede estudiar la Biblia, pero solamente cuando viene el Espíritu Santo y aviva esa Palabra en su corazón, haciéndola arder dentro de su alma, y dándole a conocer a usted cómo aplicarla directamente a su situación específica es que *logos* se convierte en *rhema*.

Si usted nunca tiene tiempo de esperar delante del Señor, entonces el Señor nunca vendrá a vivificar la

Palabra sembrada en su corazón, que usted necesita.

Esta es una época muy agitada. La gente viene a la iglesia para ser entretenida. Escuchan un sermón breve, y enseguida son despedidos, sin tener un momento de tiempo para esperar delante del Señor. Se les da el *logos*, pero no el *rhema*. Por eso no ven milagros de Dios, y comienzan a dudar de su poder.

La gente debe venir al santuario, escuchar atentamente al predicador, y después esperar un tiempo delante del Señor. Pero como ellos no vienen para escuchar el mensaje, y luego esperar bastante tiempo ante la presencia del Señor hasta recibir el *rhema*, entonces no reciben la fe que necesitan para solucionar sus problemas. Aunque vienen a la iglesia, nada sucede. Por eso empiezan a enfriarse y a perder la fe.

Otro de los problemas que sufren las iglesias en esta época es el de los ministros demasiado ocupados. Pasan horas y horas haciendo de electricista, carpintero, albañil, conserje, enfermero, ocupados en cien tareas diferentes.

Cuando llega el sábado se tumban por ahí, tratando de pensar en algún *logos* para predicar mañana por la mañana. Están tan cansados que no tienen tiempo de esperar delante del Señor. No tienen el tiempo de cambiar el pasto verde en blanca leche. Sus congregaciones comen pasto simplemente, pero no la rica leche de la Palabra. Este es un error muy grande.

Los laicos no son los enemigos del pastor. Son sus amigos. Como hicieron los apóstoles, el ministro debe concentrarse en la oración y el ministerio de la Palabra, delegando cualquier otro trabajo en sus laicos, ancianos, diáconos, diaconisas y líderes.

Yo sigo esta norma en mi iglesia. No me permito subir a la plataforma sin antes esperar delante del Señor y recibir el *rhema*. A veces me paso toda la noche del sábado en oración. Durante el día oro: "Señor, mañana vendrá la gente con toda clase de problemas; malestares, enfermedades, dramas familiares, problemas de negocios — todos los tipos de problemas humanos que uno puede imaginarse.

Ellos vendrán, no sólo para recibir conocimientos generales acerca de ti, sino para recibir una solución real a sus problemas. Si yo no les doy una fe viviente, *rhema*, entonces ellos volverán a sus casas sin haber solucionado ninguno de sus problemas. Yo necesito un mensaje específico, para una gente específica, en un tiempo específico.

Entonces espero hasta que el Señor me da el mensaje. Cuando subo a la plataforma marcho igual que un general, porque sé que el mensaje que voy a entregar tiene la unción del Espíritu Santo.

Después que predico viene la gente de mi congregación y me dice: — Pastor, usted predicó exactamente la palabra que yo necesitaba. Tengo fe que mi problema se va a solucionar.

Esto ocurre así porque yo los he ayudado a recibir *rhema*.

Hermanos y hermanas, no estamos edificando en la iglesia un club de santos. Estamos tratando con asuntos de vida y muerte. Si el pastor no le provee *rhema* a su pueblo, entonces todo lo que tiene es un club religioso y social. Ya tenemos en el mundo clubes sociales tales como el Rotary y los Kiwanis, y otros de la misma naturaleza, y sus miembros pagan una especie de diezmo también.

Las iglesias que nosotros edificamos deben ser lugares donde la gente recibe soluciones de parte de Dios. Recibe y ve milagros en su vida. Y puede obtener, no meramente un conocimiento intelectual de Dios, sino un conocimiento experimental, real y vivo. Pero para lograr este objetivo es necesario que el pastor reciba *rhema* primero.

Se le debe conceder tiempo a los cristianos para que esperen delante del Señor, a fin de que el Espíritu Santo tenga tiempo de tratar con ellos e inspirarlos por medio de las Escrituras. El Espíritu Santo puede tomar las Escrituras, "la palabra dicha" de Dios, y aplicarla al corazón de una persona, haciendo que la palabra "dicha" pase a ser la palabra "diciente" de Dios. El *logos* debe hacerse *rhema*.

Ahora puedo decirle a usted por qué mucha gente no recibe sanidad. Todas las promesas son potencialmente —pero no literalmente— nuestras. Nunca tome simplemente una promesa de Dios y diga: —¡Oh, esta es mía, esta es mía!

Es suya potencialmente, sí, pero llega a hacerse prácticamente suya cuando usted espera delante del Señor.

Antes de que el Señor le dé una escritura a un individuo tiene varias cosas que hacer. Primero el Señor desea limpiar su vida, y hacer que ese individuo se entregue a El. El Señor nunca da promesas en una manera promiscua. Cuando el Señor trata con usted, usted debe tomarse tiempo para permanecer delante del Señor. Confiese sus pecados, y entregue su vida a El. Cuando estas condiciones requeridas se producen, entonces viene el poder de Dios. Y su corazón, lo mismo que el estanque de Betesda, es removido por algún texto en particular; y usted sabe entonces que esa promesa es suya, y recibe la fe para producir el milagro necesario.

La sanidad del cuerpo físico no es el blanco supremo del Espíritu Santo. Es necesario que sepamos bien claro cuáles son las prioridades del Espíritu. El blanco supremo es la santidad de nuestras almas. Cuando Dios trata con usted, siempre trata a través de la santidad del alma. Si su alma no es recta delante de Dios, no importa cuánta oración, cuánto grito o cuánto salto pegue usted, eso no le traerá el *rhema* que usted necesita. Pero para que esto suceda usted debe esperar delante del Señor.

La sanidad divina está de completo acuerdo con la voluntad soberana de Dios. A veces una persona recibe sanidad instantáneamente. Otras personas deben quizá esperar bastante tiempo.

Uno de los mejores diáconos de nuestra iglesia cayó enfermo. Este hermano daba todo para el Señor, amaba al Señor, y trabajaba para El en una forma asombrosa. Se le dijo que tenía un tumor en el cuerpo, y que el doctor deseaba operarle. Pero todos en mi iglesia creían que el Señor iba a sanarlo, porque él era un santo tremendo, poseedor de una gran fe.

Yo oré por su sanidad. Los cuarenta mil miembros de la iglesia oraron por él. El hermano también clamó por su sanidad.

Pero nada sucedió. Se fue poniendo peor cada día. Finalmente, comenzó a sufrir tales hemorragias que tuvo que ser llevado al hospital y operado. Muchos de los miembros quedaron consternados y dijeron: "¿Dónde está Dios? ¿Por qué lo ha dejado sufrir de esa manera?"

Pero yo alabé al Señor, porque sabía que en todo este caso había un magnífico propósito escondido.

Cuando el hermano fue hospitalizado comenzó a predicar el evangelio a todos los que estaban en la sala. Pronto todo el hospital sabía que hay un Señor Jesús viviente, y que su representante terrenal estaba ahí en una cama del mismo hospital. Los médicos y las enfermeras que lo trataron, y todos los pacientes que lo escucharon, llegaron a convertirse y ser salvos.

Luego todos los miembros de la iglesia dijeron regocijándose: —¡Alabado sea el Señor, era mucho mejor para él ser hospitalizado que ser sanado divinamente!

Dios sabía que la prioridad era la salvación eterna de

muchas almas más que la sanidad terrenal de uno de los miembros de la iglesia y fiel siervo suyo.

Cuando sufrimos un dolor, o tenemos un sufrimiento cualquiera, tenemos derecho a reclamar liberación. Pero esto no se logra automáticamente. Si su sufrimiento es para que se manifieste la gracia de Dios, o si viene a ser al canal por donde fluya esa gracia redentora, entonces ese sufrimiento ha sido enviado por Dios. Pero si esos sufrimientos lo invalidan a usted, y comienzan a destruirlo, entonces han sido enviados por Satanás, y usted debe orar para ser librado de ellos.

Les voy a relatar un caso cuando Dios no libró a la gente de sus sufrimientos.

Esto sucedió durante la guerra de Corea cuando quinientos pastores fueron capturados y fusilados inmediatamente, y dos mil iglesias evangélicas fueron destruidas.

Los comunistas se portaron sádicamente con los pastores. La familia de un pastor fue apresada en Inchón, Corea, y los líderes comunistas los sometieron a lo que ellos llaman un "Tribunal del Pueblo". En estos famosos tribunales los acusadores siempre preguntan: "Este hombre es culpable de tal o cual crimen, y por ese crimen debe ser castigado, ¿que dice el pueblo?"

La respuesta es, invariablemente, un unánime "¡Sea castigado!"

En esta ocasión que les digo los comunistas cavaron un gran hoyo, y pusieron dentro al pastor, a la esposa, y a varios de los hijos. El líder del pueblo dijo entonces:

—Don, todos estos años usted ha estado engañando al pueblo con esa superstición de la Biblia. Si usted quiere ahora retractarse públicamente delante del pueblo, y arrepentirse de su equivocación, usted, su esposa y sus hijos serán libertados. Pero si persiste en su superstición, usted y toda su familia serán enterrados vivos. ¡Adopte usted su decisión!

Los chicos comenzaron a llorar: —¡Papito, papito, piensa en nosotros!

Piensen en eso, amigos y hermanos míos. ¿Qué hubiéramos hecho nosotros en su lugar? Yo soy padre de tres hijos, y prefiero ser arrojado al fuego antes que verlos sufrir tan inicuamente.

Este padre fue conmovido profundamente. Se adelantó y dijo: —Sí, sí... voy a hacerlo... voy a denunciar... mi... mi...

Pero antes de que pudiera terminar su frase la señora gritó: —¡Papá... dí que NO".

Y dirigiéndose a los hijos esa valiente mujer dijo. —¡Cállense, chicos, esta noche vamos a cenar con el Rey de reyes y Señor de señores!

La misma madre comenzó a cantar y a guiar a sus hijos en el himno

> En presencia estar de Cristo,
> ver su rostro que será,
> cuando al fin en plena gloria
> ¡mi alma le contemplará!

Al fin todos se unieron en el canto triunfal. Los comunistas comenzaron a echar paladas de tierra. Pronto los más chicos quedaron cubiertos, pero siguieron cantando hasta que la tierra llegó a sus cuellos. Toda la gente estaba mirando, estupefacta. Dios no libró a esa familia de la muerte, pero casi toda la gente que contempló la ejecución llegó a convertirse al Evangelio de Cristo. Muchos de ellos son miembros ahora de mi iglesia.

La gracia de Dios se derramó a través del sufrimiento de ellos. Dios dio a su Hijo Unigénito para que muriera en la Cruz del Calvario, así este mundo podía ser salvado y redimido. Este es el más grande propósito de Dios: la redención de nuestras almas. Si usted ve que su sufrimiento está redundando en la salvación de almas, no pida ser librado del sufrimiento, sino que Dios le dé fuerza para pasar a través del sufrimiento.

Poder discernir entre el sufrimiento que provoca Satanás, que Dios puede quitar, y el sufrimiento permitido por Dios para hacer fluir su gracia salvadora, no es siempre fácil. Para poder distinguir bien entre uno y otro, necesita esperar delante del Señor, y conocer profundamente la voluntad de Dios. No se desoriente ni vaya rodando de un evangelista a otro. Por medio de la oración, el ayuno y la fe, deje que Dios le muestre la verdad.

Cuando el Espíritu Santo aviva el *logos* de la Escritura, una fe milagrosa es impartida al corazón. Usted se da cuenta de que la Escritura no es más la "palabra dicha de Dios", sino se ha convertido en la "palabra diciente de Dios". Usted debe afirmarse en esa palabra y ponerla en práctica, aun cuando momentáneamente no vea nada claro. Aun cuando usted no pueda ver ni tocar nada, aun cuando toda su vida esté en tinieblas, una vez que reciba el *rhema* no debe tener temor. Camine y ande sobre las aguas, y podrá ver realizarse el milagro. Pero tenga cuidado, sin embargo, de no adelantarse a Dios.

Mucha gente pretende adelantarse a Dios, como lo hizo Pablo por su urgencia de predicar el evangelio de Jesucristo. Jesucristo le había dicho que iba a enviarlo lejos, a los gentiles. Pablo aceptó ese *logos* y marchó para el Asia. Pero el Espíritu de Cristo no le permitió seguir.

Entonces dijo Pablo: "Me iré a Bitinia". Pero otra vez el Espíritu de Dios dijo "no".

Entonces Pablo y sus compañeros se dirigieron a Troas, una ciudad desconocida. Podemos imaginarnos el asombro y la confusión que tendrían allí. "Yo sólo estaba obedeciendo el mandato del Señor de ir hasta los fines de la tierra predicando el evangelio. ¿Por qué se nos ha impedido seguir?"

Pero cuando estaban orando y esperando delante del Señor, recibieron el *rhema*, y un hombre de Macedonia se les apareció en visión y les dijo: "Pasen a Macedonia, y ayúdennos". De modo que tomaron el primer barco que pasaba y se fueron a Europa.

Por medio del ejemplo de Pablo podemos apreciar la diferencia entre *logos* y *rhema*.

La gente viene a mí y me comenta: — Pastor Cho, yo puedo orar por varias promesas de la Escritura, y puedo esperar delante del Señor hasta que el Espíritu Santo las avive y las aplique a mi vida. Pero, ¿cómo hago para obtener el *rhema* que me consiga un marido o una esposa? Yo leo toda la Biblia, pero nada encuentro que me diga que me tenga que casar con Juana, María o Isabel. ¿Cómo puedo tener *rhema* acerca de esto?

Tampoco la Biblia dice nada dónde debo establecer mi domicilio, si en Buenos Aires, en Los Angeles o en Berlín. ¿Cómo puedo saber la voluntad de Dios acerca de cosas así?

Estas son preguntas legítimas. Permítanme darles los cinco pasos que yo doy para saber el *rhema* acerca de cuestiones específicas.

1. Mi primer paso es ponerme a mí mismo en punto neutro. No marcha adelante, ni marcha atrás, sino completa calma en el corazón. Entonces espero delante del Señor diciendo: — Señor, aquí estoy, listo para escuchar tu voz. Si tú dices "sí", iré; pero si dices "no", no iré. No hagas decisiones para mi propio beneficio, sino decide conforme a tus deseos. Sea algo bueno para mí, o sea algo malo, estoy listo a aceptar tu dirección.

Con esta actitud de corazón espero delante del Señor. Muchas veces la mejor acción que se puede tomar es ayunar y orar, porque si usted come mucho queda muy cansado, y ya no puede orar. Luego de estar seguro que estoy en completa calma, doy el segundo paso.

2. La segunda cosa que hago es pedirle al Señor que me revele su voluntad a través de mis deseos. Dios siempre viene a usted a través de sus deseos santificados. "Deléitate asimismo en Jehová, y él te dará las peticiones de tu corazón" (Salmos 37:4). "A los justos les será dado lo que desean" (Proverbios 10:24). Por tanto os digo, que todo lo que pidiereis orando, creed que lo recibiréis, y os vendrá" (Marcos 11:24).

Desear, entonces, es uno de los puntos focales de Dios. Además de eso, en Filipenses 2:13 leemos: "Porque Dios es el que en vosotros produce, así el querer como el hacer, por su buena voluntad".

Oren al Señor, esperen delante de él hasta que él les dé el divino deseo. Mientras usted está orando muchos deseos hermosos fluirán de su mente. Tenga la paciencia necesaria para que también los deseos de Dios vengan a su mente. No se detenga y diga, "Oh, yo ya tengo de todo", para salir enseguida corriendo. Espere delante del Señor un poco más. También Satanás puede poner deseos en su corazón, como también pueden salir de su propio espíritu, o ser dados por el Espíritu Santo.

El tiempo siempre es una prueba. Si usted espera pacientemente, sus propios deseos, y los deseos de Satanás se debilitarán, pero el deseo del Espíritu Santo se hará más y más fuerte. De modo que espere, hasta recibir el deseo divino.

3. Después de que mi deseo se ha hecho más claro, paso entonces al número 3: comparo mi deseo con las enseñanzas de la Biblia.

Una vez una señora se me acercó muy agitada, y me dijo: —Oh pastor Cho, voy a sostener su ministerio con una gran cantidad de dinero.

—Alabado sea el Señor —dije yo —. Tome asiento y dígame qué es.

Ella explicó: —Tuve un deseo fantástico de meterme en negocios. Este negocio está prosperando, y si yo entro en él, creo que voy a ganar mucho dinero.

—¿Qué clase de negocio es? —le pregunté.

—Tengo un deseo ardiente de monopolizar el mercado de cigarrillos. Tabaco, usted sabe.

—Olvídese de eso —dije rápidamente.

—Pero yo tengo el deseo —dijo ella — un deseo ardiente, justo como usted ha predicado.

—Ese deseo es de su propia carne —le repliqué. ¿Ha leído usted la Biblia para saber si ese deseo es bíblico?

—No.

—Su deseo tiene que pasar por el cedazo de las Escrituras —le expliqué —. La Biblia dice que usted es templo del Espíritu Santo (1 Corintios 6:19). Si Dios hubiese deseado que la gente fumase, los hubiera hecho con una nariz diferente. Las chimeneas se hacen con la boca apuntando para el cielo, no hacia abajo, para que salga el humo. Dios no creó a la gente para que fume, porque les hizo la nariz apuntando para abajo. El Espíritu Santo habita en su cuerpo. Si usted fuma, entonces está contaminando el templo del Espíritu con humo. Su deseo está fuera de la voluntad de Dios. Sería bueno que usted se olvidara de ese negocio.

Un hombre se acercó a mí y me dijo: —Pastor, quiero tener amistad con una hermosa mujer viuda. Ella es dulce, bella, maravillosa. Cuando oro, siento un deseo ardiente de casarme con ella. Pero todavía tengo a mi esposa, y a mis hijos.

—Vea —le dije — mejor olvide eso de inmediato, porque ese deseo es del diablo.

—¡Oh, no, no, no, —dijo él —, este deseo no es del

diablo. Cuando oro el Espíritu Santo me habla al corazón y me dice que mi esposa original no es exactamente la clase de costilla que calza en mi costado. Mi presente esposa es más bien una espina en mi carne. El Espíritu Santo me habló y me dijo que esta viuda es exactamente mi costilla perdida, la que calza exactamente en mi costado.

—Esto no es del Espíritu de Dios. Es del diablo —volví a decirle.

Mucha gente comete el mismo error. Si oran en contra de la voluntad expresa de Dios, como está escrita en su Palabra, entonces les hablará el diablo. El Espíritu Santo jamás contradice la Palabra escrita.

Este hombre no me quiso escuchar. Se divorció de su mujer y se casó con la viuda. Ahora es el más miserable de los hombres. Descubrió que su segunda costilla era mucho peor que la primera.

De modo que todos nuestros deseos deben ser examinados cuidadosamente por la Escritura. Si no tiene usted confianza de hacer eso por sí mismo, entonces consulte con su pastor.

4. Después que he escrutado atentamente mi deseo con la Palabra de Dios, entonces estoy listo para dar el paso número cuatro: pedirle al Señor que me dé una señal, y que esa señal provenga de las circunstancias. Si Dios ha hablado realmente a su corazón, entonces le dará indudablemente una señal desde el mundo exterior.

Cuando Elías oró siete veces pidiendo lluvia, recibió una señal externa: una nubecilla, del tamaño de la mano de un hombre, apareció sobre el horizonte.

También en Gedeón tenemos un ejemplo, cuando Dios le dio la señal del rocío y el vellón de lana. Dios siempre me muestra a mí una señal externa. A veces es muy pequeña, pero siempre es una señal.

5. Después que he recibido una señal externa, doy el paso final. Oro hasta que sea el momento de Dios. El tiempo de Dios siempre es diferente del nuestro.

Usted debe orar hasta que sienta una verdadera paz, porque la paz es el árbitro mayor. Si después de orar todavía siente inquietud en su espíritu, entonces no es aún el tiempo apropiado. Significa que todavía está encendida la luz roja. De modo que manténgase orando y esperando. Cuando vea que la luz roja cambia, y se enciende la verde, entonces vendrá una gran paz a su corazón.

Entonces es el momento de saltar, y echar a andar. Camine, corra a toda velocidad, con la bendición de Dios y el *rhema* de Dios. Los milagros se sucederán en su vida uno tras otro.

Siempre he seguido, en mi vida cristiana, estos cinco pasos. Y Dios siempre ha confirmado este modo de caminar con señales y milagros. Estos resultados positivos siempre me muestran la clara diferencia que hay entre *logos* y *rhema*.

No necesita estar confundido acerca de las promesas de Dios. Ninguna clase de gritos, chillidos, clamores y saltos convencerá a Dios. Dios se convence a sí mismo cuando pone en nuestro corazón la fe que le agrada a Él.

La versión Reina Valera de la Biblia dice en Marcos 11:22, "Tened fe en Dios", para poder remover montañas: Pero el texto griego no dice precisamente "Tened fe *en* Dios", sino "Tened la *fe de* Dios".

¿Cómo puede usted tener la fe *de* Dios? Cuando usted recibe el *rhema*, la fe que le es dada no es fe suya, fe humana, sino la fe que Dios le da a usted. Después de recibir esta fe que le es impartida y concedida desde arriba, será capaz de remover montañas de su lugar. Sin recibir esa fe especial de Dios usted no puede hacer eso.

Si no fuera por otra razón, usted debiera por ésta estudiar cuidadosamente toda la Biblia —desde Génesis hasta Apocalipsis— con el fin de dar al Espíritu Santo el material que El necesita para trabajar. Cuando usted espere tranquilamente delante del Señor, todo el tiempo suficiente, Dios avivará la palabra, y cambiará el *logos* en *rhema*, e impartirá su fe en usted. Luego vendrán los grandes milagros, cuando actúe con esa fe, milagros en su ministerio y en su hogar.

Espere delante del Señor. Nunca considere que esto es perder el tiempo. Cuando Dios hable a su corazón, puede hacer grandes cosas en un segundo, que antes no podría hacer en un año entero. Espere delante del Señor, y verá realizarse grandes cosas.

LA ESCUELA DE ANDRES

Cuando usted recibe a Cristo como su Salvador personal, su espíritu renace instantáneamente. La vida de Dios se derrama en usted, y de inmediato todo su ser espiritual recibe vida eterna. Pero su mente, sus pensamientos, tienen que ser renovados conforme a su espíritu regenerado.

Este trabajo de renovación es un proceso que dura la vida entera, y lleva tiempo, y demanda energía y exige lucha. Esta renovación es imprescindible si uno ha de recibir y actuar en el *rhema* que es dado de Dios, permitiéndole a la poderosa palabra creativa permanecer vital.

Mucha gente experimenta una renovación espiritual, pero no renueva su mente para poder captar los pensamientos de Dios. Por esta razón Dios, que habita en ellos, no puede moverse libremente a través del canal de su vida pensante. Permítanme ilustrar esto más claramente.

Cierto día mi hijo mayor, que por ese tiempo estaba en el cuarto grado de la escuela primaria, vino a mi escritorio. Evidentemente el chiquillo deseaba preguntarme algo, pero vacilaba un poco. Finalmente, yo hablé primero.

—Hijito, ¿estás tratando de decirme algo?

El chico se sonrió y me dijo: — Papá, si te hago una pregunta rara, ¿te vas a enojar?

—Por supuesto que no —le dije—. Pregunta no más.

—Bien. Dime una cosa: ¿te está permitido decir una mentira delante de la congregación?

—¿Cuándo he dicho yo una mentira? —inquirí.

El se rió y me dijo — Yo te he oído decir una mentira vez tras vez a la congregación.

Quedé francamente perplejo. Si mi propio hijo dudaba de mí, entonces, ¿quién podría tenerme confianza?

—Siéntate, hijito —le dije—, y dime cuando he dicho mentiras a la congregación.

—Papá, tú has dicho tantas veces a la iglesia que escuchas la voz del Señor, que me entró mucha curiosidad por saber cómo es esa voz. Los sábados, cuando tú preparas tu sermón en tu escritorio, me pongo a escuchar atrás de la puerta, y no oigo nada. A veces hasta he abierto la puerta un poquito, para ver si veo al Señor. Pero nunca hay nadie contigo. Nunca te he visto hablar con el Señor, y sin embargo, cuando subes al púlpito el domingo por la mañana, dices que te has encontrado con el Señor. Yo creo que eso es una mentira. Dime la verdad. Yo soy hijo tuyo, y no voy a decirle nada a la gente.

Como era un niño bastante chico todavía, no me iba a entender si yo le daba una respuesta en términos teológicos. En esos momentos me puse a orar. — Señor, dame sabiduría. ¿Cómo puedo explicarle a este niño mis relaciones contigo?

Súbitamente un tremendo pensamiento saltó de mi corazón. Miré a mi hijo y le dije — Hijito, permíteme ahora hacerte yo una pregunta. ¿Has visto alguna vez tus propios pensamientos?

—El chico pensó un rato y después dijo: —No,

nunca he visto mis pensamientos.

—Entonces tú tienes una cabeza vacía. ¡No tienes ningún pensamiento allí!

—¡No! ¡Yo tengo pensamientos! Porque tengo pensamientos puedo hablar.

—Pero —le dije—, yo nunca he visto tus pensamientos.

—¿Pero como puedes ver tú mis pensamientos? Ellos están dentro de mi cabeza, y tú no los puedes ver.

—Bien. Entonces, por lo consiguiente, aunque tus pensamientos sean invisibles, ellos existen, ¿verdad?.

—Verdad, papito —me dijo.

—Muy bien. De la misma manera, yo puedo encontrarme con Dios y hablar con Dios, aunque tú no lo veas con tus ojos. La Biblia dice que Dios es la Palabra. Y dime, hijito, ¿qué es la palabra? La palabra es el pensamiento vestido de vocabulario. Y si Dios es pensamiento cubierto con vestidos chinos, los chinos lo pueden entender. Y si Dios se viste de inglés, los que hablan inglés lo pueden entender. Y a nosotros los coreanos los pensamientos de Dios nos vienen vestidos de coreano, para que nosotros los coreanos lo podamos entender.

—Hijito mío —proseguí—, yo me encuentro con Dios cuando leo la Escritura, que es la Palabra de Dios. Y los pensamientos de Dios escritos en idioma coreano tocan mis pensamientos en un reino invisible, y puedo tener una conversación con mi Padre celestial por medio de la Palabra de Dios. Dios es lo mismo que un pensamiento.

Mi chico, que es inteligente, captó de inmediato la explicación.

—Ya entiendo —me dijo contento— No puedo ver mis pensamientos, pero sé que los tengo. ¡Claro! Dios es como un pensamiento. No puedo ver a Dios, pero Dios está aquí. ¡Estoy satisfecho! Lo siento papá, por no haber entendido bien tu manera de conversar con Dios.

Cuando mi hijito salió, di gracias a Dios.

—Padre, tenía miedo que él no comprendiera, pero ha comprendido. Ahora me doy cuenta que no era yo quien hablaba, sino el Espíritu Santo, quien me ayudó para explicar con palabras tu maravillosa presencia.

Ahora, permítanme hacer una pregunta. ¿A qué se parece Dios? ¿Tiene Dios alguna forma? ¿Se parece El a un ser humano? ¿Cómo pueden explicar ustedes la presencia de Dios?

Dios es como un pensamiento. Si usted no tiene ningún pensamiento, entonces Dios no tiene cauces para hablarle a usted. No puede tocar a Dios con sus manos. No puede respirar a Dios, como respira aire con sus pulmones. Dios no pertenece al mundo sensorial. Usted puede tratar con Dios solamente en el reino de sus pensamientos.

Los pensamientos de Dios nos vienen sólo a través de su Palabra o del Espíritu Santo. Sus pensamientos tocan nuestros pensamientos, y es allí donde encuentra a Dios. De modo que si usted no renueva cada día su vida de pensamiento, y si usted no renueva totalmente su mente después de su conversión, entonces Dios no puede realmente manifestarse a usted.

Mucha gente vive todavía con sus antiguos pensamientos después de su conversión. Este antiguo modo de pensar es muy limitado, de modo que Dios también se encuentra limitado, debido a una incorrecta vida de pensamiento. Para caminar en estrecho compañerismo con Dios usted debe renovar su mente y su vida de pensamiento. Si usted no renueva su vida de pensamiento, Dios no puede venir a comunicarse con usted. Dios no puede tratar con una mente que está viciada y contaminada, así como los peces no pueden vivir en las aguas corrompidas de un lago ni las aves volar a gusto en un aire contaminado. La fe no brota solamente del espíritu interno. La fe viene en cooperación con sus pensamientos, porque la fe viene por oír la Palabra de Dios (Romanos 10:17).

Primeramente usted debe oír. Y por el oír, la Palabra de Dios viene a sus pensamientos. Y a través de su vida de pensamiento, los pensamientos de Dios entran en su espíritu y producen fe. Por lo tanto, si usted no renueva sus pensamientos, no puede comprender enteramente los pensamientos de Dios. Y sin la renovación de la mente, y sin el oír de la Palabra de Dios, usted no puede tener fe. La fe viene por el oír.

¿Y qué es lo que oye usted? Oye los pensamientos de Dios. La arena de sus pensamientos absorbe los pensamientos de Dios, y produce fe. Y por medio de su fe Dios puede tener influencia en otros. Su vida de pensamiento es muy importante: usted debe, imprescindiblemente, renovar su mente. Hay tres pasos que se deben dar si se quiere renovar la mente. Estos tres pasos deben ser dados antes de adquirir una renovación completa de la vida de pensamiento.

Su primer paso debe ser pasar de una actitud de pensamiento negativa a una actitud positiva. Tomemos como un ejemplo a Pedro, el discípulo de Jesús.

Los discípulos de Jesús navegaban en su barca por el mar de Galilea. Era una noche oscura y tormentosa, y las olas eran tan altas que la barca navegaba pesadamente. Los hombres estaban librando una batalla perdida para mantener la embarcación a flote. De súbito, vieron a Jesús caminando sobre las aguas. Los marinos siempre han tenido la superstición de que, si uno ve un fantasma que anda sobre las olas el barco se hunde irremediablemente. De modo que cuando los discípulos vieron a Jesús quedaron paralizados de miedo, seguros que el barco se hundiría sin remedio.

Pero Jesús les habló y les dijo: "¡Tened ánimo, yo soy, no temáis" (Marcos 6:50).

Pedro le gritó: "¡Señor, si eres tú, manda que yo vaya a ti sobre las aguas!" (Mateo 14:28).

Pedro siempre hablaba antes de pensar. Era un hombre fantásticamente emocional, pero también era un hombre de arrojo. Por eso Dios lo usó muchas veces.

Jesús le dijo a Pedro que fuera hasta él. Cuando Pedro escuchó la orden la aceptó inmediatamente en su mente y sus pensamientos fueron renovados.

Humanamente hablando Pedro jamás hubiera caminado sobre las aguas, pero cuando aceptó la palabra de Jesús, renovó instantáneamente su mente. Cambió sus pensamientos de negativos a positivos. Pedro jamás hubiera ni imaginado siquiera que él podría caminar sobre las aguas. Pero no bien oyó el mandato de Jesús lo aceptó y cambió sus pensamientos. Ahora creyó que sí podía caminar sobre las olas. Cambió totalmente sus pensamientos, y el hombre siempre actúa conforme a su manera de pensar.

Cuando Pedro renovó sus pensamientos; cuando creyó que podía caminar sobre las aguas, actuó de acuerdo con esto, y saltó fuera de la barca. La noche seguía oscura y tormentosa, y las olas eran muy altas. Pero Pedro arriesgó audazmente su vida, lanzándose al mar por fe, y comenzó a caminar sobre las aguas.

Los milagros siempre siguen a una mente renovada. Cuando se dio cuenta que podía caminar sobre las aguas, enfrentó las olas. Sus pies se mojaron con la espuma, dio pasos sobre la cresta de las olas, ¡estaba caminando sobre el mar!

Pero súbitamente comenzó a mirar en derredor. Miró los abismos que se formaban entre ola y ola, y comenzó a regresar a su antigua manera de pensar "¡Mírenme! —habrá pensado Pedro— ¿no soy acaso un ser humano? ¡Y estoy caminando sobre las olas! Se supone que los seres humanos no pueden caminar sobre las aguas. Pueden caminar en la tierra, pero no en el agua. No soy ningún pez, pero miren, ¡estoy caminando sobre las aguas! Está raro esto. ¡Es imposible que yo lo haga!"

Cambió otra vez su modo de pensar. Razonó que él no podía caminar sobre las aguas, e inmediatamente comenzó a hundirse.

Dios se relaciona con cada uno de nosotros por medio de nuestros pensamientos. Cuando Pedro recibió el *rhema* de Jesucristo, renovó sus pensamientos, y creyó que era capaz de andar sobre las aguas y así lo hizo. Pero cuando volvió a cambiar sus pensamientos y a pensar a la manera antigua, empezó a hundirse de nuevo.

Este es un concepto sumamente importante, porque así como un hombre piensa, así es y así actúa. Si usted piensa que es un rey, o una reina, actuará como rey o reina. Si usted piensa que es un ser indigno, vil, miserable, sin valor ninguno, entonces actuará en la vida de una manera consecuente, aceptando que no sirve para nada.

De modo que es esencialmente vital que usted cambie el giro de sus pensamientos. Permítame ilustrar este punto con otro ejemplo.

Conocí una vez a un doctor que decía ser ateo. Sufrí bastante por causa de él. Durante mucho tiempo fue un enemigo de mi ministerio, contrarrestando mi fe y atacando mis palabras y creencias.

Un buen día este doctor sufrió un derrame cerebral y quedó paralizado. Como resultado del derrame comenzó a morirse lentamente. Quebrantado y angustiado, vino a mi iglesia y me pidió que orara por su sanidad.

Hay mucha gente que hace alarde de sus ideas ateas, pero cuando sufren alguna calamidad, y la noche se les vuelve oscura y tormentosa, entonces sus ideas ateas comienzan a esfumarse.

El doctor de marras vino a mi iglesia y yo oré por él. El hombre recibió la oración de fe, se levantó de la silla de ruedas, y comenzó a caminar dando grandes pasos. La gente aplaudía y victoreaba, alabando a Dios.

Al domingo siguiente volvió a la iglesia, caminando por sí mismo sin ninguna ayuda. Otra vez pidió que orara por él, pero como yo estaba muy ocupado en ese momento, no lo pude atender directamente. Cuando vio que no podía orar personalmente por él, cambió sus pensamientos. Sus viejos pensamientos regresaron y volvió a ser el mismo viejo hombre. Como no podía recibir mi oración de fe, volvió a ser incrédulo. Cuando salió de mi oficina para ir a su automóvil se cayó. Su esposa tuvo que levantarlo y llamar una ambulancia para llevarlo al hospital.

El doctor se cayó porque cambió sus pensamientos. El poder de Dios lo abandonó, y al igual que Pedro, comenzó a dudar, y al igual que Pedro que se hundió en las aguas, él se hundió en la incredulidad y desesperación, y quedó paralítico de nuevo.

Los pensamientos son importantes, de modo que no descuide renovar su vida de pensamiento. Sea absolutamente positivo en sus pensamientos. Nunca piense negativamente. Dios es luz, y en El no hay ningunas tinieblas. No hay nada negativo en Dios, porque en Dios sólo existe lo positivo. Están sucediendo cosas positivas, de modo que para tener comunión con Dios usted debe renovar sus pensamientos y pensar siempre solamente de un modo positivo. Alimente su alma con la Biblia, la Palabra de Dios, porque la Biblia está llena de pensamientos positivos.

Y cuando alimente su alma con la Palabra de Dios tenga cuidado de no confinar sus pensamientos a los viejos cánones mentales.

Sea revolucionario. Mucha gente se encuentra trabada porque piensan sólo de una manera ortodoxa, tradicional. Por lo mismo Dios se encuentra atado para hacer en ellos, y a través de ellos, las grandes obras que desea hacer. Pero si usted recibe la Palabra de Dios, y revoluciona su modo de pensar, entonces usted llegará a cumbres muy altas, mucho más allá de sus actuales limitaciones.

Cuando yo estoy en Corea tengo una sesión con mis 75 pastores asociados todas las mañanas. Me reúno con ellos de 9.00 a 9.30, y les lanzo un desafío, pidiéndoles que revolucionen su manera de pensar.

—No piensen sólo tradicionalmente —les digo—. No se guíen por el pensamiento y la enseñanza de Cho. Vayan a la Palabra de Dios. Aliméntense de la Palabra de Dios. ¡Revolucionen su entera vida de pensamiento! Expandan esa vida de pensamiento conforme a la Palabra de Dios. Entonces Dios tendrá absoluta libertad para expresarse a sí mismo a través de sus pensamientos.

Después que les digo estas palabras, ellos reciben una poderosa motivación. Reciben la palabra, y si captan un pensamiento revolucionario, y lo ponen en práctica, yo veo los resultados. Yo no intervengo en la obra que ellos hacen, excepto cuando experimentan alguna dificultad.

Una vez que he delegado el poder en ellos, ese poder permanece delegado, y ya no me preocupo de él. En esta forma de un acercamiento positivo es que trabajo con mis asociados. Todos ellos son ministros de éxito y cada uno de ellos está encargado de alguna parte de nuestra membresía de 55.000 miembros adultos.

Cuando usted haya cambiado su actitud negativa de pensamiento a una positiva, su segundo paso deberá ser entrenarse constantemente y pensar siempre en términos de milagros. Esta actitud de pensamiento y vida podemos verla en los discípulos de Jesús.

En cierta ocasión Jesús fue al desierto y le siguieron como cinco mil hombres. Además de esos cinco mil hombres habría quizás unas diez mil mujeres, todas ellas llevando consigo algunos niños. Muy bien podría haber, con todo, una multitud de veinte mil personas. Cuando cayó la noche la gente tenía mucha hambre. Se puso oscuro y comenzó a hacer frío. Y las mujeres, con sus niños, comenzaron a desfallecer de hambre y a caer a un lado del camino.

Jesús llamó a Felipe: "¿De dónde compraremos pan para que coman todos éstos?" —le preguntó.

Con esta pregunta Felipe recibió la orden de dar de comer a toda esa enorme multitud. Si tradujéramos esto en términos modernos, Felipe hubiera organizado enseguida un Comité de Arreglos Físicos, o Comité de Comidas, con el fin de estudiar la manera de dar de comer a una convención de 20.000. Comenzaría reclutando a los miembros del comité, buscando a los hombres más inteligentes y capaces.

Felipe presidiría el comité, y abriría las sesiones diciendo: "Caballeros, nuestro Señor Jesucristo nos pide que demos de comer a 20.000 personas en el desierto. De modo que nuestro comité tiene la responsabilidad de hallar la manera de hacerlo. ¿Tienen ustedes algunas ideas de cómo hacerlo?

Uno de los miembros levantaría la mano y pediría la Palabra. "¿No sabes que estamos en medio del desierto? —diría él— ¿No ves que no estamos en el centro de Jerusalén? Es absolutamente imposible pensar en alimentar a una multitud tan grande de gente".

—Me parece lo mismo —respondería Felipe—. Señor secretario, anote eso.

Un segundo miembro del comité levantaría la mano. —"Señor presidente, deseo hacer una pregunta". ¿Tenemos suficiente dinero? Necesitamos por lo menos doscientos denarios para alimentar siquiera a una pequeña porción de ellos. ¿Tenemos algo de dinero?

—"No —respondería Felipe— No tenemos siquiera un centavo".

—"Bien. Por lo tanto, tú estás completamente fuera de juicio" —respondería el hombre.

—"Correcto. Estoy de acuerdo contigo. Señor secretario, ¡anote eso también!"

Un tercer hombre pediría la palabra. —"Señor presidente, ¿conoce usted alguna panadería por estos lados capaz de producir pan para veinte mil personas de una sola vez?"

—No. Y ni siquiera veo panaderías por aquí.

—"Correcto. Nos tomaría semanas hornear pan para toda esta gente. ¡Y eso es imposible!"

—"Sí, estoy de acuerdo contigo —seguiría diciendo Felipe— Señor secretario, ¡anote eso también!"

Luego hablaría otro discípulo más: —"Deseo expresar mi opinión también, señor presidente. Usted sabe que se está haciendo tarde. ¿Por qué no les decimos a cada uno que se vaya por ahí, y que cada uno vea cómo consigue alimentación?"

La reunión del Comité de Comidas terminaría en esa forma, y Felipe guardaría toda la información. Pero esa información sería solamente de naturaleza negativa y de imposibilidades. Información que, por supuesto, refutaría las enseñanzas de Jesús y estaría directamente opuesta a sus palabras.

Felipe iría a informarle a Jesús las opiniones del comité. Pero antes que pudiera abrir la boca aparecería Andrés con cinco panes y dos peces.

—¡Andrés! —exclamaría Felipe— ¿Estás tratando de burlarte de nosotros? ¡Qué son cinco panes y dos peces para alimentar a veinte mil! ¿Estás completamente loco?

Andrés no abriría su boca para responder a Felipe,

pero presentaría los panes y los peces a Jesús.

—Señor Jesús, no es suficiente para alimentar a tanta gente, pero los traje, de todos modos.

Andrés había escuchado la orden de Jesús. Su mente había aceptado la orden. Y aunque dudaba un poco, trajo a Jesús el alimento que pudo hallar. Andrés tenía pensamiento positivo, y por medio de este pensamiento captó la visión de Jesús.

Entonces Jesús bendijo esos panes y esos peces y los multiplicó, y toda la multitud pudo comer.

Todos los cristianos pertenecen a Cristo, pero en Cristo hay dos escuelas de pensamiento: la escuela de Felipe y la escuela de Andrés. Desafortunadamente muchas iglesias pertenecen a la escuela de Felipe, y solo hablan de imposibilidades. Lloran diciendo que todo es un desierto, que es demasiado tarde, y que la gente no puede ser alimentada. Hablan con poca fe, y hablan de lo imposible que es hacer esto o aquello.

¿A cuál escuela pertenece usted? Yo sé que muchos asisten a diferentes escuelas y colegios. Pero, ¿a cuál escuela de pensamiento pertenece usted? ¿Pertenece a la escuela de Felipe o a la de Andrés?

Cuando en 1969 Dios habló a mi corazón y me dijo que edificase un templo para diez mil personas, quedé anonadado. Me sentía igual que Felipe. Hablé con el cuerpo de ancianos y todos ellos, hablaron como los compañeros de Felipe. Dijeron que era imposible.

Cuando hablé con mis 600 diáconos, no hallé mejor acogida. Todos pensaban de la misma manera. De modo que yo también me uní al comité de Felipe, y vine al Señor y le dije que yo no podía edificar ese templo. Pero el Señor me respondió a mi corazón: —"No te dije que vayas a consultar con tus ancianos y diáconos, sino que vayas y edifiques el templo".

—Señor —repliqué— Tú sabes que no tengo nada para edificar. Eso demandará muchísimo dinero que yo no tengo ahora.

Entonces, siempre por medio del Espíritu, el Señor habló a mi corazón: —"¿Qué tienes tú, personalmente, que pudieras dar de tu parte?"

Me di cuenta en mi corazón qué era lo que me estaba pidiendo, pero rehusé conocer la respuesta diciendo: —"Señor, no me pidas hacer eso. Yo me casé cuando tenía treinta años, y a través de los años he estado ahorrando para poder construir una hermosa casa que sea el regalo para mi esposa. ¡Yo no puedo vender esa casa!"

Pero el Señor replicó —"Da lo que tú tienes".

—Padre, vale 20.000 dólares —contesté llorando: Con eso no se puede edificar una iglesia y un complejo de edificios que costarán cinco millones. La cantidad que yo pueda sacar de mi casa no serviría para nada.

Pero Dios insistía —Vende tu casa, y tráeme ese dinero a mí, con toda tu fe.

—¡Oh, Señor, esto es terrible —protesté— ¿cómo puedo hacer esto?

—"Si tú vas a creer en mi palabra —me amonestó el Señor — debes darme primero todo lo que posees".

Para una esposa coreana la casa es todo. Es el lugar donde cría a sus hijos, el lugar donde edifica su vida, la más preciosa posesión material para ella. Me daba miedo decirle a mi esposa que debíamos vender la casa, y me puse en oración. Oraba pidiendo que mi esposa estuviera de acuerdo en vender la casa.

Esa noche le llevé un ramo de flores. —¿Por qué me vienes con esto? —me preguntó enseguida —¿Piensas que te estoy dejando de querer?

Pero se mostró muy contenta y empezó a preparar la cena felizmente.

—¡Oh, alabado sea el Señor —respondí —, estoy tan feliz de haberte elegido! Si Dios me permitiera volver a elegir una muchacha para casarme, te elegiría a ti otra vez inmediatamente. Cada día eres más hermosa para mí. Después de un rato, cuando me pareció que era el momento propicio, le dije. —Querida, tengo un gran problema.

Me miró preocupada y me dijo —Dímelo.

—Tenemos que edificar ese gran templo para diez mil personas —le dije—, y ese templo costará cinco millones de dólares. Mientras estaba orando por este problema, el Espíritu Santo habló a mi corazón y me dijo que si yo quería tener ese dinero para la construcción, tenía que empezar por mi propia casa. Dios desea que le entreguemos cinco panes y dos peces... y esos cinco panes y los peces son . . . ¡nuestra propia casa!

Mi esposa se puso pálida, y mirándome a los ojos me dijo: —Esta casa es mía, no tuya. Tú no puedes disponer de esta casa. Me pertenece a mí, y a mis hijos. ¡Tú no puedes tocarla!

Su reacción fue justamente la que yo temía. Entonces fui al Señor y oré —Señor, yo ya he hecho lo que debía hacer. El resto queda en tus manos. Envía el Espíritu Santo a su corazón, así ella podrá comprender y someterse.

Esa noche, mientras oraba, podía escuchar a mi señora darse vueltas en la cama continuamente durante el sueño. Me di cuenta que el Espíritu estaba obrando. Dije en oración: —¡Oh, Señor, sigue, sigue tocándola!

Y de seguro que el Señor la siguió tocando. Durante una semana no pudo dormir bien. Sus ojos se veían enrojecidos. Finalmente, vino a mí.

—No puedo soportarlo más —me dijo— No puedo resistir más al Espíritu del Señor. ¡Vamos a vender la casa!

Ella misma fue a buscar la escritura, y los dos juntos pusimos esa escritura para el fondo pro-construcción de la iglesia. Eramos igual a Andrés, que aunque sólo tenía cinco panes y dos peces, tenía fe en que Jesús podía usar esa pequeña porción y alimentar con ella a toda una multitud. Nosotros también pertenecíamos a la escuela de Andrés.

Sin embargo un día surgió un problema con el terreno donde queríamos edificar el templo. El gobierno de Corea estaba desarrollando un proyecto especial llamado Yoido Island. Estaban construyendo allí edificios del gobierno, e iban a permitir la construcción de una sola iglesia. Llegaron pedidos de toda Corea: los presbiterianos, los metodistas, los bautistas, los católicos, los budistas y hasta los comunistas presentaron solicitud para obtener esa tierra.

Yo también presenté mi solicitud. El hombre que tenía a su cargo recibir las solicitudes me miró y me dijo — ¿A qué denominación pertenece usted?

—A las Asambleas de Dios — le dije.

—¿Quiere decir esa iglesia que alaba a Dios a grito pelado, oran por los enfermos y hablan en lenguas?

—Esa misma — respondí impasible.

El hombre movió la cabeza. —Usted sabe que ese templo tendrá que estar precisamente frente al nuevo Palacio del Congreso. Esa iglesia tiene que ser culta, refinada, dignificante, y la suya no lo es. Me parece que no puedo aceptar su solicitud.

Me sentí un poco feliz en mi corazón, porque eso me eximía de la obligación de edificar la iglesia. Volví a orar al Señor.

—Señor, ¿has oído eso, verdad? No somos bastante dignos como para edificar una iglesia allí.

Uno puede traer al Señor la excusa que quiera, pero el Espíritu Santo siempre tiene la respuesta final. El mismo Espíritu respondió diciendo — ¿Cuándo te dije que fueras a pedir permiso para edificar la iglesia?

—¿Y no se supone que debo hacerlo? — dije yo.

—"Hijo mío — dijo El — tú no debes seguir el camino que estás tomando. Tú debes seguir el camino de la oración y la fe".

De modo que empecé a orar y ayunar. Entonces el Espíritu Santo me habló al corazón con toda sabiduría:
—Ve, y busca a la persona que tiene a su cargo el fomento de toda esa zona.

Y fui. Y hallé que el vicesuperintendente de la ciudad era la persona encargada de las obras de fomento de la zona. Empecé preguntando acerca de su familia y de su casa, y hallé que su mamá era miembro de la iglesia presbiteriana. Visité a esa señora y me puse a orar con ella. La señora recibió el bautismo del Espíritu Santo y comenzó a venir a mi iglesia.

En Corea la suegra tiene algún poder sobre la nuera. Le dije a la señora que debía traer su nuera a la iglesia para que fuera salva. —Su nuera también tiene que hallar la salvación — le dije.

La señora oró, y después trajo a la iglesia a la esposa del hijo. Después de escuchar el sermón, la joven señora oró y fue llena del Espíritu Santo y dio su corazón a Cristo.

Comencé a trabajar con ella pensando que si había sido posible traer a la esposa, también sería posible traer al esposo. Le di instrucciones y le dije: —Usted tiene que traer a su esposo a la iglesia.

—Pero él anda siempre muy ocupado — dijo ella.

—¿Usted no desea que él se vaya al infierno, verdad? —le dije severamente —. De modo que ¡traiga a su esposo a la iglesia!

Cuando un domingo ella apareció con su esposo, prediqué un fogoso sermón. Aunque no estaba mirando directamente a su cara, en realidad prediqué dirigiéndome a él. Y milagrosamente el hombre entregó su corazón al Señor.

Al domingo siguiente vino a mi oficina: —Pastor, usted sabe que tengo a mi cargo las obras de fomento y desarrollo de Yoido Island. Vamos a permitir que alguna iglesia coreana edifique su templo allí. Y yo deseo que sea nuestra iglesia.

Yo tenía ganas de gritar de alegría, pero el Espíritu no me lo permitió. A veces el Espíritu Santo se manifiesta de una manera muy misteriosa. A mí me hizo entender que debía decir "No". Pero yo, interiormente, protesté —¡Señor, hemos trabajado mucho y muy duro para esto! ¿Por qué tengo que decir no?

Mientras mi corazón lloraba de ganas de decir "Sí", dije al hermano: — Señor vicesuperintendente, no es posible. Construir una iglesia en Yoido Island supone una enorme cantidad de dinero. Necesitamos comprar por lo menos dos hectáreas de terreno. Eso nos costaría más de cinco millones de dólares. Pienso que es imposible. Y para hacer las cosa peor, ellos nos consideran una indigna iglesia pentecostal, y dicen que no aceptarán mi solicitud.

El hermano sonrió y me dijo: — Creo que tengo un camino. Ore durante una semana, y entonces volveré por aquí. Usted me dará la respuesta definitiva, y yo la tomaré en cuenta rápidamente.

Oré durante una semana, y a los siete días él retornó a mi oficina. — Pastor, si usted adopta la decisión de trasladar la iglesia allí, yo voy a hacer todos los arreglos necesarios para que usted tenga el terreno que desea. También voy a encargarme de todos los documentos legales, y mi oficina pagará todos esos gastos. Voy a enviar a uno de mis hombres al Congreso para que haga todos los arreglos necesarios, corriendo los gastos por cuenta mía. Yo voy a hacer todo por usted, y usted tendrá su tierra. Y más todavía, puedo conseguirle un préstamo del gobierno para que usted pueda comprar la tierra a crédito.

Entonces el Espíritu Santo me dijo al corazón: —¡Grita ahora!

—Señor vicesuperintendente —dije— ¡acepto!

Dios me había impedido decir "Sí" la semana anterior, y el resultado fue no solo tener la tierra en forma milagrosa, sino librarnos de todo ese engorroso papeleo y los grandes gastos adicionales que eso supone.

Entonces fui y firmé un contrato con una empresa constructora. Poco después entraban las máquinas a remover tierra y comenzó la construcción de la iglesia y el complejo de departamentos al lado. Este vicesuperintendente es ahora uno de los grandes líderes de mi iglesia.

Su fe va a ser probada de una manera similar. Si usted tiene un pequeño proyecto será probado de una manera pequeña. Pero si usted tiene un gran proyecto, será probado de una manera grande. Nunca piense que su fe lo hará pasear por un campo sembrado de rosas. Usted tendrá que pasar por muchas tribulaciones y turbulencias, por las cuales Dios pondrá a prueba su fe.

Durante todo el tiempo que duró la edificación de la iglesia, tuve que permanecer en la escuela de Andrés. Y tuve que orar con mucha fe ante cada problema que se presentó.

Poco después de iniciadas las obras vino una devaluación del dólar coreano, y el contratista rompió el contrato. Me dijo que quería renegociar el convenio y aumentar el costo de la construcción. Luego de eso vino la crisis mundial del petróleo (del año 72), y todos los bancos cerraron sus puertas. Mi gente comenzó a quedarse sin trabajo, y juntando todas las ofrendas del mes apenas podíamos pagar los intereses del préstamo. No solamente no podíamos pagar a los empleados de la iglesia, sino que mi propio salario no me era pagado.

La compañía constructora me demandó porque yo me negaba a pagar el aumento. Cuando venía a mi oficina de la iglesia por las mañanas era sólo para encontrar demanda tras demanda: de la compañía de luz, de la compañía del gas, de las obras sanitarias, de la compañía constructora. Las cuentas se amontonaban en mi escritorio y yo no tenía dinero ni para pagar una sola.

No tenía dinero ni para contratar un abogado. Me sentaba detrás de mi escritorio sólo para ver como los empleados de la iglesia se iban yendo uno por uno, porque no había dinero para pagar sus salarios. El barco se iba a pique, y nadie quería quedar en una embarcación que se hundía, y se hundía rápidamente.

Como habíamos vendido ya nuestra casa no teníamos lugar donde ir. Tuve que llevar a mi familia a un departamento sin terminar, situado en el séptimo piso de un edificio sin ascensor. No tenía luz ni agua corriente. No había calefacción, y el invierno estaba muy frío.

Cada noche regresaba a ese frío e inhóspito departamento, sólo para tiritar durante toda la noche. Teníamos muy poca comida, y todo parecía estar muy oscuro. Ya estaba yo raspando el fondo de la olla y entrando en la escuela de Felipe. Me dije a mí mismo: —Sí, has cometido un error. Yo nunca hubiera creído en Dios en esa manera. Mejor es pensar en la manera tradicional. No me hubiera aventurado a caminar sobre las aguas. Todo este asunto de vivir por fe es un engaño. Todas esas voces que he oído en oración, no son más que voces de mi propia conciencia. No son del Espíritu Santo. Sí, he cometido un error.

Y empecé a sentir mucha lástima de mí mismo.

Mucha gente comenzó a abandonar la iglesia, y todos los informes por esa época eran negativos. Aun mi familia comenzaba a dudar de mí. Todo parecía imposible, y me sentía cansado y acabado.

—Esto es el fin — me dije —. Esto es lo que llaman "vida de fe". Mejor es que termine con mi vida de una vez.

—Me voy a suicidar —volví a decirme—. Pero no quiero ir al infierno. He estado trabajando por ti todos estos años, Señor, y a lo menos, quiero tener algo en recompensa. Si el infierno es peor que este lugar, ¿por qué tengo que ir allí? Pero no puedo seguir en una situación como ésta. Voy a cometer suicidio. Pero por favor, Señor, acepta mi alma, y llévame al cielo.

El impacto que hizo esta oración fue mucho más poderoso de lo que hubiera imaginado. Escuché una voz que me decía: —Eres un cobarde. Deseas suicidarte y convertirte en un sujeto ridículo. ¿Deseas ser eso, o eres tú un hombre de fe?

—No tengo fe —admití— y soy un cobarde.

La voz me habló de nuevo. —No solamente tú vas a ir al infierno, sino una gran cantidad de tus miembros también, que han puesto en ti toda su confianza. Tú has pedido dinero prestado de varios ancianos y miembros de la iglesia. Todos ellos han puesto su confianza en ti. Recuerda los miles de dólares que te han prestado preciosas hermanas de la iglesia. Y ahora tú mismo te aniquilas y piensas cometer suicidio.

—Tú causarás una reacción en cadena. A causa de tu cobardía ellos perderán su fe. Sus hogares se desmoronarán, y muchos cometerán suicidio. ¡Que repercusión tendrá tu actitud en el mundo cristiano!

Estas palabras se derramaron por todo mi corazón. Caí de rodillas, llorando. —¡Oh, Dios!, entonces, ¿qué puedo hacer? ¿Por qué no me dejas morir?

El Señor me contestó —Tú no debes morir porque tú debes perseverar. Tú tienes que ver como se pagan todas las deudas, y como todas las cuentas del pueblo son aclaradas y limpiadas.

Me puse de pie, bajé del séptimo piso a la calle, y me fui a mi oficina. Me arrodillé clamando y llorando. La noticia de mi estado desesperado comenzó a correrse entre el pueblo. Súbitamente experimentaron un reavivamiento de la fe, incluso aquellos que se habían alejado de la iglesia. — ¡Salvemos a nuestro predicador! — decían —, ¡Salvemos al hombre de Dios!

Así dio comienzo a un vasto movimiento que llamaron "¡Salvemos al pastor!" Era un invierno muy frío y no teníamos calefacción, pero los creyentes comenzaron a llenar por miles el recinto de la iglesia, que aún no estaba terminada. Miles de ellos oraron y ayunaron muchas noches. Oraban y lloraban, repitiendo "¡Salvemos al hombre de Dios! ¡Salvemos a nuestro pastor!"

Entonces Dios comenzó a moverse entre su pueblo. Las mujeres comenzaron a cortarse sus largos cabellos, y los traían a la iglesia para que se vendieran a los fabricantes de pelucas. Un día presenciamos una escena conmovedora. Una anciana viuda, que no tenía marido ni hijos ni ayuda de ninguna especie, y vivía sólo de la ayuda social del gobierno, se acercó a la plataforma llorando y temblando. Traía un viejo tazón para arroz, un par de palillos chinos y una vieja cuchara.

Cuando se paró ante el público, dijo llorando, — Pastor, yo quiero verlo a usted libre de esa deuda. Yo quiero verlo a usted aliviado, porque su ministerio ha sido de mucha bendición para mí durante muchos años. Yo quiero hacer algo, pero no tengo ningún dinero. Esto es todo lo que tengo, este viejo tazón, estos palillos y esta cuchara. Pero yo deseo darlo todo para la obra del Señor. Puedo comer con mis dedos, si deseo.

Mi corazón se rompió. — Señora — le dije — no puedo aceptar esto. ¡Es todo lo que usted tiene! Usted lo necesita para comer su comidita diaria. ¡Yo no puedo aceptarlo!

Ella rompió a llorar, diciendo. — ¿No puede Dios aceptar este don de una pobre vieja que se está muriendo? Ya sé que esto no vale nada, pero yo quiero darlo para ayudarlo a usted aunque sea un poquito.

De pronto se pone de pie un hombre de negocios, y habla diciendo: — Pastor, yo deseo comprar esos artículos. Y ese hombre dio un cheque de cerca de 30.000 dólares por el tazón, los palillos y la cuchara.

Esto encendió el fuego. La gente comenzó a vender sus casas y a mudarse a apartamentos pequeños. Hubo jóvenes matrimonios que dieron el salario de todo un año para la iglesia, decididos a vivir por fe durante todo ese tiempo.

Este gran movimiento comenzó a dar resultados. El dinero afluía a nuestras arcas, y podíamos ir pagando los intereses del préstamo. Los bancos comenzaron a abrirme sus puertas. Asombrosamente, en el lapso de un año, todo fue solucionándose. Pagué todas las deudas y para 1973 estaba completamente libre de ellas. No sólo pude pagar los intereses, sino el monto total de los cinco millones que invertimos en edificar la iglesia y los apartamentos.

Dios demostró una vez más que la escuela de Andrés es la mejor, y que pensar en términos de milagros es la manera como Dios quiere que pensemos.

Mucha gente cree que cuando uno tiene fe las cosas vienen fácilmente, con pocos o ningún problema. Es importante recordar que esto no es así. Miremos a Abraham. El tenía fe, pero soportó la prueba durante 25 años. Jacob soportó dificultades y contrariedades durante 20 años. José por 13. Moisés por 40. Los discípulos de Cristo soportaron pruebas y tentaciones durante toda su vida.

No se descorazone ni desaliente si lleva semanas, o meses, o años de prueba. No deje caer sus manos, como si estuviera derrotado, ni llore — ¡Oh! ¿dónde está Dios?

Dios siempre está allí, y lo está probando a usted. A veces Dios desea enderezar y fortalecer su espina dorsal. A veces, cuando Dios lo está enderezando, o fortaleciendo, usted siente crujir los huesos, pero si se afirma en la Palabra de Dios, y tiene fe, Dios nunca lo dejará caer del todo. Para ilustrar esto voy a relatar otra de mis experiencias.

Una vez firmé un cheque con fecha adelantada por 50.000 dólares. El cheque debía ser pagado el 31 de diciembre. Yo empecé a buscar fondos de todas las fuentes posibles, pero no pude conseguir ni un centavo. Si yo no depositaba ese dinero en el banco para la fecha prometida, los diarios iban a decir que el pastor de la iglesia evangélica más grande de Corea había firmado un cheque sin fondos por una enorme suma.

Eran las doce del día del 31 de diciembre, el día cuando el dinero debía ser depositado, y yo estaba orando. —Señor, he gastado todo mi dinero, más del que tenía. He pedido prestado a mucha gente. Padre, ¿dónde puedo ir? Ya no tengo lugares a donde acudir a pedir plata.

Seguí orando. El reloj dio la una de la tarde; luego las dos; luego las tres. Mi esposa me llamó y me dijo: —¡Querido! ¿Has conseguido el dinero?

—No. —le respondí.

Entonces ella me dijo: —¿Sabías que el último avión sale de Seúl a las cuatro de la tarde? ¡Es tu última oportunidad para escapar a Estados Unidos!

—No puedo hacer eso. No puedo huir de mis responsabilidades. No puedo escapar. Si lo hago, una mancha caerá sobre el nombre de Cristo —terminé —. Prefiero aceptar cualquier consecuencia aquí en Corea que escapar a otro país.

El banco cerraba a las seis de la tarde, y ya eran las cinco. Me desesperé. No podía sentarme ni podía permanecer de pie. Solamente caminaba y caminaba, midiendo el piso de mi escritorio para atrás y para adelante, como león en su jaula. Nuevamente oré: —¡Oh, Señor, socórreme!

Súbitamente el Espíritu Santo hizo estallar un pensamiento en mi mente. Me dijo que yo debía ir al presidente del banco y pedirle osadamente un cheque por 50.000 dólares.

—¡Padre! —exclamé—, tengo que haberme vuelto loco. He calentado tanto mi cabeza que debo tener demasiada sobrecarga. No tengo nada para dar de garantía, o poner en hipoteca. No he llenado ninguna solicitud de crédito. ¿Y tú me dices que vaya al presidente del banco y le pida fríamente 50.000 dólares de préstamo? ¡Esto está absolutamente fuera de todo sentido!

Pero el Espíritu Santo seguía insistiendo:—Es cierto, yo suelo hacer cosas completamente fuera del sentido natural. Ve, y haz como te digo.

Llamé al tesorero de la iglesia. —Señor Frank, ¿iría usted al banco conmigo? Voy a pedirle al presidente un préstamo de 50.000 dólares.

El tesorero me miró y empezó a reír: — ¿Se ha vuelto loco, pastor? Estamos a 31 de diciembre. Son las 5 de la tarde. No tiene cita con el presidente del banco, y la gente debe estar haciendo cola para verlo. Además, usted no tiene ningún capital, ni tiene segunda firma o garantía de nadie. No ha hecho ninguna solicitud. ¡Es un caso de locura! Yo no quiero ir con usted. Si usted quiere ir a hacer el tonto, vaya usted solo. Yo no.

—Está bien, no le exijo —le respondí: Yo voy a ir a ver al presidente con una mente renovada. Usted se queda aquí con su mente tradicional.

Subí al auto y corrí al banco. La playa de estacionamiento estaba llena, pero pude encontrar un hueco donde estacionar. Entré al banco.

Humanamente hablando no tenía ninguna oportunidad de hablar con el presidente. La oficina de la secretaria estaba llena de gente. —Querido Espíritu Santo —dije—. He llegado hasta aquí. Por favor, dame más instrucciones.

El Espíritu me contestó: —Camina osadamente. Pórtate valientemente. Actúa como si fueras un gran personaje. No prestes atención a nadie, sino vete derecho a la oficina del presidente.

De modo que me hice el valiente y caminé con toda resolución. La secretaria me vio y me dijo: —Señor, ¿a dónde va usted?

La miré rectamente a los ojos pero nada dije. Ella volvió a preguntar: —¿Quién es usted, señor? ¿Tiene cita con el presidente? ¿Cómo se llama?

De repente me vino la inspiración.

—Vengo de parte de la más alta autoridad —respondí.

Quería decirle que yo venía de parte de Dios, pero ella entendió que yo venía de parte del presidente de Corea, porque en Corea se le llama al presidente "la más alta autoridad". Creyó que yo era un emisario especial del presidente, y cambió de actitud. Se volvió toda amabilidad y me dijo: —¿Viene de parte de la más alta autoridad? Entonces puede verle.

Y dirigiéndose a toda la gente que esperaba, dijo: —Dejen pasar a este señor.

Ella misma me guió, por delante de todos, hasta la oficina del presidente. Mientras trasponía la puerta, oré de nuevo.

—Querido Espíritu Santo. He llegado hasta aquí. ¿Qué debo hacer ahora? El Espíritu del Señor vino sobre mí, tal como había venido sobre otros hombres de fe, y me sentí fuerte y audaz.

El Espíritu me repetía al oído. —Tú eres un hijo de Dios, una persona importante. Sigue actuando como el gran personaje que eres.

De modo que entré osadamente, me senté en el sofá y crucé las piernas.

El presidente del banco dio un par de pasos, me

tendió la mano y me preguntó sonriente: — ¿Qué clase de negocios tiene usted? ¿Con qué propósito ha venido? ¿Lo conozco yo a usted?

No respondí a esas preguntas, pero en cambio le dije:
—Señor, he venido aquí con un tremendo proyecto, y voy a hacerle un gran favor a usted.

—¿Un gran favor a mí? —preguntó extrañado.

—Sí. Si usted me hace un pequeño favor, yo puedo traerle a usted diez mil cuentas nuevas para principios del año —le dije.

—¡Diez mil cuentas nuevas! —exclamó.

—Levante el teléfono y pida datos de mi persona. Soy el doctor Yonggi Cho, pastor de la iglesia evangélica más grande de Corea. Mi iglesia tiene más de diez mil miembros, y poseo gran autoridad sobre todos esos cristianos. Puedo hacer que todos ellos transfieran las cuentas de sus bancos al suyo el primero de enero. Puedo hacerle ese favor a usted, si usted me hace un favor a mí.

El hombre llamó a su secretaria para que hiciera todas las averiguaciones pertinentes. Cuando todos los datos estuvieron confirmados, el presidente se dirigió a mí para decirme: — ¿Cuál es el favor que puedo hacer por usted?

—Deme un cheque por cincuenta mil dólares —le dije —. No tengo tiempo para llenar todos los papeles. Pero usted es un hombre de negocios, y yo estoy en los negocios del Rey. Muchas veces un hombre de negocios entra en un gran compromiso sin nada, guiado solo por su fe y su confianza de que tendrá éxito. Cuando se trata de pequeños negocios tenemos que hacerlo todo con firmas y papeles, pero cuando se trata de grandes negocios, pasamos por encima de esas nimiedades, y confiamos en que el trato será coronado por el éxito. Si usted es un gran hombre de negocios —y yo creo que lo es — entonces usted hará esto por mí.

El presidente consultó con el vicepresidente, y el vicepresidente dijo: — Usted no puede hacer eso. Si lo hace, está arriesgando su cabeza. No se trata de cinco mil. ¡Se trata de cincuenta mil dólares! Y este señor no tiene ni garantías ni siquiera papeles hechos. ¡Usted no puede hacer esto!

— Si usted no lo hace — interrumpí —, entonces tengo otros lugares a dónde ir. Podría hacer este mismo favor el Cho Heung Bank.

El presidente se sentó y sacudió su cabeza. Después dijo: — Me siento raro. Nunca antes he tenido esta clase de emoción en mi vida. Confío en usted. Usted es una persona aplomada, y me gusta su fe. Voy a poner mi carrera y mi vida en sus manos por hacer esto, y después de hoy, jamás lo haré con otra persona. Pero por esta vez, me voy a jugar la cabeza.

Y dirigiéndose al vicepresidente dijo: — Tráigame un cheque por cincuenta mil dólares. Confío que este señor cumplirá su promesa. Y me extendió un cheque por cincuenta mil dólares que sacó de su cuenta personal.

Cuando salí de la oficina con el cheque en la mano me sentía de tres metros de alto. De nuevo estaba en la escuela de Andrés. Deposité el dinero justo a las seis de la tarde, cuando ya el banco cerraba, y me salvé.

Muchas veces Dios espera hasta el último momento. Una vez que usted renueva su mente, y aprende a caminar con Dios, debe ser perseverante hasta el último momento. Y no le tenga temor a nada.

Renueve su vida de pensamiento. No quede confinado a su manera tradicional de pensar. Estudie la Palabra de Dios. Este es el libro de texto que renovará su mente, y llenará su cabeza con pensamientos positivos. ¡Le enseñará a pensar en términos de milagros!

El tercer paso hacia una mente totalmente renovada

es una mente llena con la orientación hacia el triunfo. Usted debe saturar su mente con la conciencia de la victoria, y esa conciencia debe ser abundante, rebosante. Si así son siempre los pensamienos que está recibiendo de Dios, entonces usted siempre será un triunfador.

Dios nunca pierde una batalla porque es el eterno victorioso. ¡Usted debe vivir con la permanente conciencia de la victoria!

Este estado de conciencia es sumamente importante. Si usted vive con la conciencia de su inferioridad, de su pobreza, de su enfermedad o de su fracaso, entonces Dios nunca podrá obrar en usted.

Dios es su ayuda. Dios es su abundancia. Dios es su triunfo. Dios es su victoria. Si dos hombres no pueden ponerse nunca de acuerdo, ¿cómo pueden hacer negocios juntos? De modo que, para andar con Dios, y para hablar con Dios, usted tiene que injertar en su conciencia todos los tipos de conciencia de Dios.

¡Renueve su mente! Piense constantemente en términos de éxito, de victoria, de abundancia. Cuando haya renovado completamente todos sus sistemas de pensar, entonces usted recibirá el *rhema* de Dios. Asimile osadamente la Palabra de Dios, y sature con ella su vida de pensamiento. Por medio de la oración la Palabra de Dios produce fe, y con esa fe engendrada por la Palabra de Dios usted podrá poner su rostro bien en alto.

Mire únicamente al Señor. Aun cuando usted no esté sintiendo nada; aun cuando no esté palpando nada todavía; aun cuando su destino parezca una poza oscura en medio de la noche, no tenga miedo. Usted está viviendo ahora por virtud de un conocimiento de carácter revelacional. Usted está viviendo con la fuerza de nuevos pensamientos, los pensamientos de Dios, los pensamientos de su Palabra, la Biblia.

Jesucristo es el mismo, ayer, y hoy, y por los siglos. Jehová Dios nunca cambia, y la Palabra de Dios nunca cae al suelo sin ser cumplida.

No podemos vivir sólo de pan, sino también de la Palabra de Dios. Somos los justificados hijos de Dios, y debemos vivir por fe. En Jesucristo no hay diferencia, sea uno blanco o negro, rojo o amarillo, porque todos nosotros pertenecemos a una raza, la raza de Jesucristo. Y debemos vivir por el pensamiento de Cristo. De modo que renueve su mente y reeduque su vida de pensamiento.

Piense en grande. Tenga grandes objetivos. Tiene usted una sola vida para vivir, de modo que no rasque el polvo de la tierra, viviendo con una conciencia de fracaso. Su vida es preciosa para el Señor, y usted debe hacer alguna buena contribución a este mundo. Jesucristo habita gloriosamente en cada cristiano, por lo tanto posee usted un recurso inagotable dentro de usted.

Cristo es tan poderoso hoy como lo fue dos mil años atrás. Usted puede renovar su pensamiento inculcando en usted los pensamientos de Jesucristo por pensar positivamente, por pensar en términos de milagros, y por desarrollar una optimista y triunfante orientación hacia la abundancia y la victoria. Si usted desarrolla este modo de pensar, entonces podrá ver positiva y palpablemente la Palabra de Dios en su mente. Y al *ver* así la Palabra de Dios, los milagros se producirán en su vida.

En Efesios 3:20 leemos: "Y a Aquel que es poderoso para hacer todas las cosas mucho más abundantemente de lo que pedimos o entendemos, según el poder que actúa en nosotros". Yo le llamo a esto "la ley del pensar y pedir". Dios responde por medio de su vida de pensamiento, "mucho más abundantemente de lo que pedimos o entendemos".

¡Qué es lo que piensa usted? ¿Piensa en pobreza? ¿Piensa en enfermedad? ¿Piensa en imposibilidad? ¿Piensa siempre negativamente? Si usted piensa en esta forma, Dios no posee ningún cauce en usted para fluir a través de su vida.

¿A qué se parece su vida de pensamiento? ¿La ha renovado ya usted completamente? Dios está dispuesto a obrar abundantemente en su vida, pero será por medio de la renovación de su pensamiento.

Usted debe leer la Biblia. Pero no lea la Biblia por costumbre o por prescripción religiosa. No lea la Biblia para encontrar nuevas formas legalistas de vivir. No lea la Biblia por tradición histórica. Lea la Biblia para alimentar su mente y cambiar por completo todo el orden de sus pensamientos, para renovar, totalmente, su vida de pensamiento. Llene su pensamiento con la Palabra de Dios. Entonces Dios podrá fluir libremente a través de su vida y hacer por medio de usted grandes cosas para su gloria.

LA DIRECCION DE DIOS

Cuando nos convertimos al evangelio, no sólo necesitamos reorientar nuestra vida de pensamiento, pensando ahora en términos de milagros y desarrollando una orientación hacia el éxito, sino que necesitamos también estar conscientes de nuestra fuente de poder y capacitación.

En 1958 comencé mi primera obra evangelística en la zona peor y más pobre de nuestra ciudad. Yo no estaba entrenado ni capacitado para esa clase de ministerio. En menos de tres meses se me habían acabado todos los sermones, y pasada esa fecha, ya no tenía nada que predicar.

Usted puede decir fácilmente que, tratándose de usted, sencillamente iría y contaría la historia de la salvación. Pero usted no puede hablar de salvación solamente, día y noche. Para hacer un solo sermón yo me pasaba toda la semana leyendo la Biblia, del Génesis al Apocalipsis, y consultando una pila de comentarios bíblicos, pero no conseguía hacer ningún sermón que valiera ese nombre.

Las pobres gentes de mi barrio no estaban muy preocupadas acerca del cielo o del infierno. Ellos vivían procurando subsistir, y su mayor preocupación y angustia era sobrevivir. No tenían tiempo para pensar en el futuro. Dondequiera que yo iba me pedían ayuda para comprar arroz, o ropa para cubrirse, o para poder comprar algunas tiras de cartón para hacerse una chocita donde guarecerse. Pero yo no estaba mejor que ellos, porque yo estaba viviendo también en una choza de cartón, vestía muy humildemente y comía una vez al día, cuando tenía. Nada tenía para darle a ellos.

Esta en una situación desesperante. Sabía que Dios tiene todos los recursos imaginables, pero por ese entonces no sabía la manera en que podíamos obtener esos recursos. Habían momentos en que me parecía estar muy cerca del Señor. Me parecía que ya lo estaba tocando. Pero al día siguiente me sentía completamente desamparado.

Muchas veces me sentía muy confuso, y me preguntaba si realmente estaba viviendo la vida del Espíritu. Muchas veces decía: "¡Oh, Señor, yo sé que estoy en Cristo Jesús!" Pero cuando había tenido un día difícil, lleno de contrariedades, llegaba a la noche y me daba cuenta de que no tenía fuerzas para orar, y perdía el contacto con el Señor. Me ponía a orar diciendo:
—Padre, estoy confundido. Estoy tanto dentro como fuera de tu persona, y no sé como conservarte siempre conmigo.

Fue entonces que comenzaron mis luchas para hallar la permanente presencia de Dios.

Los orientales, particularmente, requieren para su fe religiosa conocer el domicilio, la dirección donde habitan sus dioses. La mayoría de ellos crecen bajo el paganismo, y necesitan saber dónde se encuentran los templos de sus dioses para ir allí y adorarles en imagen. Cuando yo era pagano, y necesitaba hallar a mi dios, iba a un templo dedicado a él y me arrodillaba delante de su ídolo y me dirigía a él personalmente. Tanto en el paganismo como en el catolicismo uno necesita saber dónde se encuentra estacionado el dios, cuál es el nombre y la dirección de tal templo o capilla y la imagen que allí se adora.

Pero cuando me convertí al evangelio no podía localizar la dirección de Dios. Esto era un gran problema para mi corazón. En la oración del Padrenuestro yo podía repetir "Padre nuestro que estás en los cielos..." y podía razonar, "Bueno, pero, ¿dónde está el cielo?".

Dado que la tierra es redonda, para la gente que está viviendo en la parte de arriba, el cielo puede decirse que está arriba. Pero para la gente que está viviendo en la parte de abajo, el cielo, forzosamente, debería estar en la parte de abajo.

Así que, siempre que oraba diciendo — "Padre nuestro que estás en los cielos", me confundía. — "Padre, ¿dónde estás tú?" — preguntaba — ¿Estás tú allí, o aquí? ¿Dónde? "Por favor, Padre, dame tu dirección".

Por lo tanto, cuando los orientales se convierten al evangelio tienen una gran lucha porque no pueden hallar el domicilio de Dios. Muchos de ellos al convertirse, venían a mí y me decían: — Pastor Cho, dénos por lo menos alguna figura, alguna imagen a quien dirigirnos. Usted nos dice que debemos creer en Dios, ¿pero quién es Dios, y dónde está?

Durante los primeros tiempos de mi ministerio yo les decía: — Hablen solo al Padre celestial. Yo no conozco su domicilio, o la dirección de su casa. A veces El viene a mí, otras veces no lo hace.

A menudo me ponía a llorar, porque me daba cuenta de que no podía seguir predicando así. Necesitaba tener una dirección definida. De modo que me puse empeñosamente a buscar el domicilio de Dios, la dirección de Dios.

Usando mi imaginación, comencé a preguntarle a varios personajes bíblicos la dirección de Dios. Comencé por Adán. Me acerqué a él y le dije: — Señor

Adán. Yo sé que usted es nuestro primer progenitor. Yo sé que usted habló con Dios cara a cara y estoy seguro que conoce su dirección. Por favor, ¿podría decirme cuál es la dirección del Padre celestial?

Entonces Adán, con toda cortesía, me contestó:
— Bien, él habita en el Jardín del Edén. Si vas allí, podrás encontrar la dirección del Padre.

— Cuando usted cayó de la gracia — proseguí —, fue echado del Huerto del Edén. ¿Cuál es la dirección del Huerto?

— La verdad es que no lo sé — me replicó Adán.

Entonces decidí, siempre en mi imaginación, visitar a Abraham. Estaba desalentado pero llegué hasta el anciano y le dije: — Noble patriarca, usted es el padre de la fe, y habló a menudo con Dios. Por favor, ¿me dará la dirección del Padre celestial?

Abraham me contestó: — Bueno, hijo, cada vez que yo necesité hablar con Dios, levanté un altar y sacrifiqué un animal. A veces él apareció y se reunió conmigo. Otras veces no. De modo que yo no conozco su dirección.

Entonces dejé a Abraham y fui a ver a Moisés. Le pregunté enseguida: — Señor Moisés, seguramente que usted conoce la dirección de nuestro Padre celestial, porque estaba en su presencia continuamente.

— Seguro que la conozco — dijo Moisés —. El estaba en el Tabernáculo que levantamos en el desierto. Durante el día estaba en una columna de humo, y durante la noche en una de fuego. Vete al desierto de Arabia, y podrás encontrar a Dios. Allí es su dirección.

Pero — objeté yo — cuando los israelitas entraron en la tierra de Canaán, el Tabernáculo del desierto desapareció. ¿Dónde está ahora ese tabernáculo?

— Yo no sé — dijo Moisés.

Desalentado otra vez fui a ver al rey Salomón. Le dije, — Rey Salomón, usted edificó un magnífico templo de granito rojo. ¿Conoce la dirección de Dios?

— Por supuesto que la conozco. El habita en el maravilloso templo del rey Salomón — me dijo —. Cuando alguna plaga o peste castigaba el país, la gente venía al templo y adoraba al Dios que habitaba allí. Dios los escuchaba y respondía a sus oraciones.

— ¿Dónde está ahora ese templo? — pregunté —. Entiendo que fue destruido por los babilonios en el siglo sexto antes de Cristo. No tenemos la dirección de ese templo ahora.

— Bueno, hijo, lo siento — me replicó Salomón —. El templo aquél fue destruido, y ahora no sé la dirección de Dios.

Entonces acudí a Juan el Bautista. Y le dije: — Don Juan Bautista, seguramente que usted conoce la dirección de Dios.

— Sí — replicó Juan —. Mira al Cordero de Dios que quita el pecado del mundo. Esa es la dirección de nuestro Dios.

De modo que en el viaje que hice tratando de hallar la dirección de Dios, vine a dar con Cristo Jesús. Seguramente que en Jesús yo podía hallar a Dios. Dios habla a través de Jesús, y por medio de su Hijo realiza milagros. Dondequiera que Jesús esté, Dios está también.

Me regocijé profundamente en mi corazón por haber hallado la dirección de Dios. Pero enseguida brotó otra duda en mi corazón. Jesús murió, resucitó y ascendió a los cielos. Entonces, ¿dónde está la dirección de Jesucristo? Otra vez volvía al punto de partida. Y pregunté: — Jesús, ¿dónde estás tú? Yo no sé tu dirección, y no puedo decir a mi pueblo donde está tu domicilio.

Entonces me llegó la respuesta. Jesús dijo: — "Yo he muerto, y he resucitado, y he enviado mi Espíritu Santo a todos mis seguidores. Yo te he dicho que nunca te dejaré huérfano. Yo he dicho que iba a orar a mi Padre, y El les enviaría otro Consolador, el Espíritu Santo, y que en ese día, tú conocerías que yo estoy en el Padre, y el Padre en mí, y yo en ti y tú en mí".

Gradualmente empecé a ver que a través del Espíritu Santo Dios el Padre y Dios el Hijo habitan en mí. Leí en segunda Corintios que Dios ha enviado el Espíritu de su Hijo a nuestros corazones. Entonces encontré la dirección de Dios. Me di cuenta que la dirección de Dios es *mi* dirección.

Entonces fui a buscar a mis pobres cristianitos y les prediqué resueltamente. Podemos hallar la dirección de Dios, les dije. Yo ya la he encontrado. Su dirección es mi dirección. El habita en mí con todo poder y santidad. Por medio del Espíritu Santo Dios el Padre y Dios el Hijo habitan en mí. Dios va conmigo adonde quiera que yo voy.

El habita también dentro de ustedes, y su dirección es la misma que tienen ustedes. Si ustedes están en sus hogares, Dios está allí. Si van a su lugar de trabajo, Dios va también allí. Si trabajan en la cocina, Dios está en la cocina. Dios habita en ustedes, y todos los recursos de Dios están en ustedes.

Hermanos, les continué predicando, no tengo plata ni oro, no tengo arroz ni ropa, pero tengo algo para enseñarles: Dios habita dentro de ustedes. Todos aquellos que no lo tienen todavía, vengan a Jesús, recíbanle como único y personal Salvador, y el Creador de los cielos y la tierra, con todos sus recursos, habitará dentro de ustedes, dentro de vuestros corazones. Y El va a suplir todas las necesidades que ustedes tengan. Con este mensaje comencé a desarrollarles la fe.

Este fue el punto inicial de mi verdadero ministerio. La piedra fundamental de mi vida de predicador. Hasta este tiempo yo había estado tratando de capturar a Dios en un lado y en otro. Cuando venían evangelistas famosos yo corría a escucharlos, tratando de capturar a Dios. A veces subía a una montaña, para orar a solas.

Otras veces bajaba a un valle. Busqué por todas partes, tratando de hallar a Dios. Pero después de hallar esta verdad, ya no vagabundeé más. Había hallado la dirección y la habitación de Dios.

Y dije a mi pueblo: —Dios no es un Dios lejano que está a dos mil leguas de aquí. Tampoco es un Dios que se ha quedado dos mil años atrás. No es tampoco un Dios del futuro. Nuestro Dios habita en nosotros, con todos sus recursos, poder y autoridad. Su dirección está en ustedes. De modo que ustedes pueden orar y hablar con El todos los días, y a cualquier hora del día. Pueden ustedes tocarle, y obtener todos sus recursos por medio de la fe y la oración. Cuando ustedes gritan, Dios oye. Cuando oran o hablan suavemente, Dios oye también. Cuando ustedes simplemente meditan sin pronunciar palabra, Dios oye también, porque El habita dentro de ustedes. El puede suplir todas sus necesidades.

Después de la guerra de Corea, cuando los misioneros salieron para trabajar para el Señor, asistí a muchas reuniones de comité. La mayoría de los ministros coreanos tenían toda clase de proyectos diferentes. Querían edificar iglesias, levantar institutos bíblicos. Discutían mucho entre ellos acerca de cómo solucionar sus propios problemas. Pero no bien se ponían a hablar de finanzas decían: "¡Ah, en cuanto a esto será mejor que venga un misionero y se haga cargo". Para ellos los misioneros eran solamente financistas.

Sentí mucha pena en el corazón y les dije: —Hermanos, ¿por qué ustedes siempre se vuelven hacia los misioneros?

Y ellos respondieron: "Porque Dios siempre nos envía fondos a través de los misioneros, y no a través de nosotros mismos".

A pesar de estas ideas prevalentes entre los ministros, cuando salí del instituto bíblico estaba decidido a hacer de Dios la única fuente de mis recursos. Hallé que mi Dios vivía en mi corazón, con todos los recursos financieros que me hacían falta. Descubrí cómo extraer los recursos de Dios. Y en estos últimos veinte años de ministerio no he dependido de ningún otro.

He cruzado el Océano Pacífico más de cuarenta veces, para ministrar en países extranjeros. Nunca he pedido un solo centavo a ninguna iglesia. He expresado aprecio por el envío de misioneros a Corea, pero nunca he pedido ayuda financiera a las iglesias extranjeras.

He dependido de Dios siempre, y con lo mucho y con lo poco, siempre ha suplido mis necesidades: la edificación de la iglesia, el envío de misioneros a países fuera de Corea y la construcción del instituto bíblico.

Ahora mismo estamos en proceso de construir el Colegio Bíblico de las Asambleas de Dios en Corea, y estamos dando medio millón de dólares de parte de nuestra iglesia. Sin duda alguna, Dios suple nuestras necesidades.

Deseo imprimir en vuestros corazones esta verdad: ustedes tienen, dentro de ustedes mismos, todos los recursos que necesitan, ahora mismo. No mañana, no ayer. ¡Hoy mismo! Ustedes tienen todo lo que es de Dios, que habita dentro de ustedes. Dios no está allí durmiendo. Dios nunca jamás se toma vacaciones. Dios está ahí mismo, para trabajar por su salvación. Y Dios nunca obra sin venir al pensamiento de ustedes, sin venir a través de su visión, sin venir a través de su fe. Ustedes son el cauce de Dios.

Usted puede decir: —¡Oh, Dios trabaja activamente en el universo, y a través de todas las cosas! Pero Dios le contestará: — No, yo habito dentro de ti. Y nunca vengo al mundo con poder si no es a través de ti.

Usted es el cauce. Usted tiene la responsabilidad. Si usted no desarrolla su manera de creer para cooperar con Dios, entonces Dios se verá limitado, a lo menos en la vida suya y en la vida de aquellos que dependen de usted. Dios será tan grande como usted le permita ser, y tan pequeño como usted lo obliga a ser.

Cuando los pecadores vienen al Señor, derrotados, vencidos, yo primeramente les enseño que Dios habita en ellos, y que ellos pueden disponer de todos los recursos de Jesucristo. Entonces los reeduco, para que tengan un corazón que coopere con Dios. Uno tras otro, sin excepción, descubren una nueva fe que los lleva a una nueva vida, una vida fructífera y victoriosa.

Si toda esa gente anduviera en medio de la pobreza, fracasados y vencidos, ¿cómo hubieran podido dar veinte millones de dólares a la iglesia en ocho años, de 1969 a 1977? Cada año tenemos proyectos que insumen de uno y medio a dos millones de dólares. Los miembros de mi iglesia pueden dar, porque sus vidas han sido enriquecidas.— Tienen tremendos éxitos, porque saben como obtener el Recurso. Pero primeramente deben limpiarse de todos los pecados de la carne.

Mucha gente está en lucha con cuatro pecados de la carne que deben ser quitados antes que el cristiano pueda trabajar activamente para Dios. Si no quitan de sus vidas esos pecados, los cauces seguirán obstruidos, y Dios no podrá fluir libre y abundantemente a través de ellos.

El odio, ese espíritu implacable, no perdonador, es el enemigo número uno de vuestra vida de fe. En Mateo 6:14-15, Jesús destaca este pecado: "Porque si perdonáis a los hombres sus ofensas, os perdonará también a vosotros vuestro Padre celestial; mas si no perdonáis a los hombres sus ofensas, tampoco vuestro Padre celestial os perdonará vuestras ofensas".

Cuando predico cuatro veces por la mañana el domingo, quedo usualmente tan cansado que no tengo ganas de ver a nadie. Si alguien desea verme, tiene primero que consultar a mis secretarias. Ellas escrutan cuidadosamente a cada solicitante. Si alguien consigue llegar hasta mi puerta, es que verdaderamente está en gran necesidad.

Un día, después de terminado el cuarto culto de la mañana, un hombre llamó a la puerta de mi oficina.

Abrí la puerta y el hombre entró. Pensé que quizá estaba borracho, porque caminaba haciendo eses. Se sentó en una silla y sacó un objeto de su bolsillo. Era una filosa daga. Yo me asusté: —¿Qué han hecho esas muchachas dejando entrar a este tipo aquí? —pensé para mis adentros —. Aquí está enfrente de mí, con esa daga en la mano, y ellas lo han dejado entrar.

Yo estaba realmente asustado. Y cuando él empuñó firmemente la daga, sacando ánimos de no sé donde, le dije: —No use esa arma. Dígame más bien a qué ha venido.

El hombre respondió: —Señor voy a cometer suicidio. Pero primero voy a matar a mi esposa, a mi suegro y a mi suegra, y a todos los que me rodean. Un amigo me aconsejó que viniera a su iglesia esta mañana, y que lo escuchara predicar a usted antes de hacer lo que pienso hacer. Por eso vine, y asistí al cuarto servicio. Escuché todo atentamente, pero no pude entender ni una sola palabra, porque usted habla con mucho acento provinciano, del sur. No pude entender su acento ni captar ninguna de sus palabras. De modo que, después de escucharlo a usted, voy a ir a mi casa, y voy a dar cumplimiento a todos mis planes. Soy un hombre moribundo. Tengo tuberculosis y toso de continuo. La verdad es que me estoy muriendo.

—Cálmese —le dije —, siéntese aquí, y cuénteme su historia.

—Bien —dijo el hombre —, durante la última etapa de la guerra en Viet Nam yo era técnico mecánico y manejaba un *bulldozer*. Trabajé en todas las líneas, haciendo caminos y otras cosas. Arriesgaba mi vida para hacer más dinero. Todo lo que ganaba se lo enviaba a mi esposa. Cuando la guerra terminó yo tenía apenas lo suficiente como para salir de Viet Nam.

Le envié a mi esposa un telegrama desde Hong Kong, anunciándole mi llegada. Cuando llegué al aeropuerto de Seúl esperaba verla a ella con los chicos. Pero cuando bajé del avión no vi a nadie. Pensé que quizá no había recibido mi telegrama. Pero cuando llegué a mi casa, hallé a extraños viviendo en ella.

Supe que mi esposa se había escapado con un hombre más joven. Me había abandonado, llevándose todos mis ahorros, y andaba por ahí, con el otro hombre, y vivía en otra parte de la ciudad. Fui a verla y le rogué que volviera conmigo. Pero ella se negó terminantemente.

Fui a ver a mi suegro y a mi suegra para exponerles el caso. Ellos solo me dieron 40 dólares y me dijeron que me fuera de su casa. En menos de una semana tenía en mi corazón un odio hirviente, y comencé a vomitar sangre. Ahora la tuberculosis me está matando rápidamente, y no hay esperanzas para mí. Voy a matarlos a todos ellos, y después me voy a suicidar.

—Mi amigo —le dije yo— esa no es manera de llevar a cabo su venganza. La mejor manera es que usted mismo se sane, encuentre un nuevo trabajo, forme un mejor y más hermoso hogar, y luego se los muestra a ellos. De esa manera usted realizará una venganza formidable. Pero si usted los mata a todos, y después se mata usted, no habrá satisfacción para nadie.

—¡Los odio a todos! —gritó.

—Si usted los odia de esa manera, se destruirá a sí mismo. Porque cuando uno odia se hace más daño a uno mismo que a ningún otro. ¿Por qué no ensaya el evangelio de Jesús? —le dije. Cuando Jesús entra en su corazón, todo el poder de Dios viene dentro de usted, y habita en usted. El poder de Dios comienza a fluir de usted. Dios lo tocará, lo sanará y restaurará su vida. Usted puede reconstruir su vida enteramente, y eso será una tremenda venganza que usted se tome sobre sus enemigos.

Este hombre aceptó a Cristo en medio de su espantosa situación moral. Pero todavía no podía perdonar a la esposa.

—La mejor manera de perdonar a la esposa es bendecirla —le dije—. Bendiga en oración su espíritu, su alma, su cuerpo y vida. Ore que Dios abra la puerta del cielo y derrame bendiciones sobre ella.

—¡No puedo bendecirla! —exclamó— No la maldigo, pero tampoco puedo bendecirla.

—Si usted no la bendice —le dije— nunca podrá ser sanado. Cuando usted bendice, las bendiciones brotan de usted, y salen fuera, y usted será más bendecido que ella por sus palabras de bendición. En Corea tenemos un viejo proverbio que dice: "Si quieres ensuciar la cara de tu vecino con fango, debes ensuciarte la mano primero". Si usted maldice a su esposa, la maldición tocará primero sus labios. Pero si usted la bendice, la palabra de bendición brotará de su corazón, pasará a través de sus labios, y usted será el primer bendecido. De modo que, amigo mío, vaya usted y bendígala.

Se sentó y comenzó a orar por su mujer. Al principio le rechinaban los dientes. Comenzó a orar diciendo balbuceante — ¡Oh, Dios... yo, bendícela tú también... y dale salvación... ¡Oh, Dios!... dale a ella una bendición.

Siguió orando por su esposa y pidiendo bendiciones para ella. En menos de un mes se había sanado de la tuberculosis, y era una persona totalmente cambiada. El poder de Dios había comenzado a fluir de él, y su rostro brillaba.

Cuando lo volví a ver al mes siguiente, me dijo con emoción, —¡Oh, pastor Cho, cómo me regocijo en el Señor. Alabo a Dios porque ahora aprecio realmente a mi esposa, porque fue a causa de que ella me dejó que yo encontré a Jesús. Oro por ella cada día. He renovado mi licencia de chofer de bulldozers, tengo un nuevo trabajo, y estoy arreglando una nueva casa, y siempre espero que mi esposa regrese.

Este hombre realmente alababa a Dios. Estaba reconstruyendo su vida por medio del poder de Dios que fluía a través de él. Estaba curado del espíritu y del cuerpo.

Si usted no quita el odio de su corazón no puede realmente estar en comunión con el Señor. Cuando usted salga a predicar el evangelio debe ayudar a la gente a comprender primeramente esta verdad.

Un día vino a verme una maestra de escuela. Era el comienzo de las clases y estaba sufriendo de artritis. Había concurrido a casi todos los hospitales pero no había hallado ninguna mejoría. Puse mis manos sobre ella, oré, reprendí y grité. Hice todo lo que pude hacer, pero nada sucedió.

Mucha gente ha sido sanada en nuestra iglesia, pero esta mujer no lo fue. Empecé a sentirme medio derrotado. Pero un día el Espíritu me dijo: — "No grites más. Ora y reprende. No puedo fluir a través de ella porque ella odia a su anterior marido".

Yo sabía que ella se había divorciado ya diez años atrás. Pero mientras la tenía allí, sentada delante de mí, le dije: — Hermana, divórciese de su marido.

Me miró sorprendida y me dijo —Pastor, ¿por qué me dice que me divorcie de mi marido? Usted sabe que nos divorciamos diez años atrás.

— No, usted no se divorció todavía — le dije

— Sí, sí, ¡lo hice! — insistía ella.

—Sí —repliqué, por supuesto que lo hizo. Se divorció legalmente. Pero mentalmente, usted nunca se ha divorciado de él todavía. Usted lo maldice cada mañana. Cada día usted lo maldice y lo odia. Usted nunca se ha divorciado de él en su imaginación. Usted está todavía viviendo con él en su mente, y ese odio está secando sus huesos y la está destruyendo. Por eso tiene artritis incurable. Ningún doctor podrá jamás curarla.

Ella respondió —¡Oh, pero él me hizo tanto mal! Cuando me casé con él nunca tuvo un trabajo. Gastó todo mi dinero. Estropeó mi vida, y al fin me dejó por otra mujer. ¿Cómo puedo amarle?

Le dije: —Si usted lo va a amar o no, es asunto suyo. Pero si usted no lo va a amar, va a morir de artritis. Usted será sanada de esa enfermedad únicamente por el poder de Dios, pero el poder de Dios no le va a caer del cielo, como un meteoro.

Ella tenía la misma lucha que el hombre de la tuberculosis. Llorando, me dijo: —No puedo amarlo, pastor. Por favor, perdóneme. No puedo amarlo. Ya no lo odio, pero tampoco lo amo.

—Usted no puede dejar de odiarlo si no empieza positivamente a amarlo —repliqué—. Vea a su esposo con su imaginación, tóquelo, y dígale que lo ama, y bendígalo.

Otra vez estuvo en lucha consigo misma, de modo que oré junto con ella. Ella lloró, rechinando sus dientes. Pero poco a poco empezó a sentir amor por el exmarido, y orando, pidió a Dios que lo bendijera y salvase, y le diera toda clase de cosas buenas. El poder de Dios comenzó a fluir a través de ella, y ella fue tocada. En menos de tres meses estaba completamente sana de la artritis.

Sí, Dios habita en usted. Pero si usted no se libra de ese archienemigo, el odio, el poder de Dios no puede fluir a través de usted.

Mucha gente vive presa del temor. Es nuestra responsabilidad, como cristianos ayudar a la gente a librarse del temor, el segundo pecado en esta serie de cuatro.

Una vez enfermé de tuberculosis. Tenía tuberculosis porque estaba viviendo constantemente bajo el temor de la tuberculosis. Cuando estudiaba en la escuela secundaria asistía a una clase en la que debía manipular botellas de alcohol, con huesos e intestinos humanos. La sola vista de esas botellas me llenaba de pavor.

Una mañana el profesor de biología estaba dando una clase acerca de la tuberculosis. En esos días no se conocían todavía las drogas milagrosas que tenemos hoy. El profesor nos decía que si uno se enfermaba de tuberculosis, sus entrañas iban a quedar como esos intestinos que veíamos en las botellas.

Habló acerca de los peligros de esa enfermedad pulmonar, y terminó diciendo que habían personas que habían nacido con la tendencia a la tuberculosis. Las personas que tienen hombros estrechos y cuellos largos, son las más propensas a contraer la enfermedad.

Todos los estudiantes comenzaron a estirar sus cuellos y a medirlos, como si fueran cigüeñas. Mirando a mis compañeros vi que yo tenía el cuello más largo de todos. Inmediatamente tuve el presentimiento de que enfermaría de tuberculosis. El temor me oprimió el corazón. Cuando regresé a mi cuarto me miré al espejo. Estuve midiéndome el cuello toda la tarde. El temor me invadió, y empecé a vivir bajo el acuciante temor a la enfermedad.

Cuando cumplí 18 años estaba enfermo de tuberculosis. Lo semejante atrae a lo semejante y lo igual produce lo igual. Si anda continuamente con temor del diablo, lo único que hace es abrir una puerta en su alma para que el diablo entre. El temor es una fe en negativo.

Porque le tenía tanto miedo a la tuberculosis contraje tuberculosis. Y cuando comencé a escupir sangre me dije: —Claro, esto es justamente lo que yo esperaba.

Había leído en cierta publicación médica de Corea que mucha gente muere por hábito. Yo me preguntaba. ¿Cómo puede la gente morir por hábito? Entonces leí todo el artículo.

Esos médicos, que no eran cristianos, hablaban del importante papel que juega el temor en nuestra vida. Por ejemplo, un hombre de sólo 50 años de edad, que ya era abuelo, murió de presión alta a una edad en que podía haberla sobrepasado fácilmente. El hijo de él, cuando llegó a los 50 años, también murió de presión alta. Ahora el nieto vive con el constante temor de morir de presión cuando llegue al medio siglo.

Cuando cumpla los 50 años, y sienta leves mareos, va a exclamar —¿Ven? Ya tengo la presión alta. Aquí está el ataque que me estaba temiendo. ¡Estoy liquidado! Y si llega a sentir algún dolor en el pecho, va a pensar enseguida en un infarto. Este temor al infarto, sugestionándolo, va a crear esa misma condición en su cuerpo, y se morirá de un infarto.

Muchas mujeres viven con el perpetuo temor del cáncer. Una mujer puede decir. —Bien, mi tía murió de cáncer, y mi madre murió de cáncer, así que, probablemente, yo también moriré de cáncer.

Cuando llegue a una edad similar en que su tía y su madre murieron, va a sentir cualquier tipo de malestar, y va a exclamar: —¡Oh, esto es cáncer! Seguramente que ya me enfermé. Cada día estará repitiéndose que tiene cáncer. Por esto es que los médicos dicen que la gente se muere de hábito. Si una persona vive bajo el poder de un temor específico, entonces el poder de destrucción comienza a fluir a través de todo su ser.

En 1969, cuando Dios me pidió que renunciara a mi pastorado en mi segunda iglesia, yo tenía 10.000

miembros bautizados con una asistencia regular de 12.000. Yo vivía feliz, sintiéndome bueno y satisfecho. Tenía una linda casa, una esposa maravillosa, hijos, un auto último modelo, y hasta chofer. Entonces dije:

—Señor, voy a quedarme en esta iglesia hasta que mis cabellos negros se hayan tornado blancos.

Pero un día, mientras oraba en mi oficina, vino el Espíritu Santo y me dijo: —"Cho, tu plazo aquí ha terminado. Tienes que estar listo para mudarte.

—Oh, Señor —dije yo—, ¿mudarme? Ya di comienzo a una iglesia, y esta es la segunda que comienzo y levanto. ¿Tú deseas que vaya y abra una tercera obra otra vez? ¿Por qué tengo que ser yo el que siempre abre obras nuevas? Tú no has elegido a la persona correcta. Dile a otro que vaya.

Así comencé a discutir con el Señor.

Nadie, sin embargo, puede discutir con Dios, porque El siempre tiene la razón. Finalmente, Dios me persuadió, diciendo: —Tú debes ir y edificar una iglesia con diez mil asientos. Una iglesia que sea capaz de enviar, por lo menos, quinientos misioneros.

—Padre —repliqué—, no puedo hacer eso. Tengo un pavor mortal de edificar una iglesia de ese tamaño.

Pero Dios dijo: —No, te he dicho que vayas, y debes ir.

Consulté con un constructor acerca de costos. Me dijo a grosso modo que, por lo menos, necesitaba dos millones y medio de dólares, sólo para el edificio. Para el terreno necesita otro medio millón, y para el terreno contiguo y la edificación de los apartamentos, otros dos millones. En total, no menos de cinco millones de dólares.

El contratista me preguntó cuánto dinero tenía. Le dije que tenía 2.500 dólares. Me miró estupefacto, sacudió la cabeza y no dijo nada.

Entonces reuní a los ancianos de la iglesia y les hablé

del plan. Un anciano preguntó: —Pastor, ¿cuánto dinero puede recolectarse en Estados Unidos?

—Ni un centavo —dije.

Otro anciano preguntó —¿Cuánto dinero puede usted pedir prestado al Banco de América?

—Ni un centavo —volví a contestar.

Ellos dijeron: —Usted es un buen hombre, ministro genuino, pero no es hombre de negocios. Usted no puede edificar una iglesia y un complejo de apartamentos como ésos.

Entonces reuní a mis 600 diáconos. Cuando les hablé del plan comenzaron inmediatamente a comportarse como conejos asustados, como si yo hubiera hablado de imponerles un tributo de sangre.

Me sentí desalentado. Estaba lleno de miedo y vine al Señor. —Señor, tú has oído cada una de las palabras que han dicho los ancianos y diáconos. Todos ellos están de acuerdo en afirmar lo mismo. Por lo tanto, Señor, sería mejor no hablar más del asunto.

Pero el Espíritu Santo volvió a hablar fuertemente a mi corazón: —Hijo, ¿cuándo te mandé yo a que hablases con los ancianos y diáconos?

—¿No se supone que lo tengo que hacer? —inquirí.

El Espíritu respondió: —Te di la orden de edificar la iglesia, no de discutir acerca de esa orden. Esto es lo que yo te mando.

Me puse de pie y dije: —Si ésa es tu orden, Señor, la cumpliré.

Fui al palacio municipal y compré a crédito dos hectáreas de terreno en la zona más cara, situada frente al mismo edificio del Congreso, uno de los lugares más codiciados de toda Corea. Luego fui al contratista y firmé un contrato con él para edificar la iglesia y el complejo de apartamentos, también a crédito. Pensé para mis adentros: —Ellos edificarán la iglesia. Yo confiaré en Dios, y veré.

El día que comenzaron las obras hicimos un culto especial, y finalizado el servicio fui a ver cómo andaba la cosa. Pensaba que los obreros abrirían unas cuantas zanjas y que allí comenzarían a echar el cemento para los cimientos, y que en poco tiempo estaría el edificio terminado. Pero había docenas de bulldozers, trabajando y cavando tierra como para hacer un lago.

Me volví loco de miedo, y pregunté: — Padre, ¿has visto lo que estos hombres están cavando? ¿Y yo tengo que pagar por todo eso? ¡Yo no puedo! Me paralicé de miedo. Me comenzaron a temblar las rodillas. Ya me veía llevado a la cárcel en un furgón policial. Caí de rodillas y oré: — ¡Oh, Dios! ¿Qué puedo hacer? ¿Dónde me puedo meter? ¿Dónde estás tú? Yo sé que tú eres mi única fuente de recursos, y pongo toda mi confianza en ti.

Mientras oraba pude ver en visión a Dios trabajando, y ya no tuve temor. Pero cuando abrí los ojos, y vi de nuevo las obras, volví a sentirme lleno de miedo. De modo que, durante todo el tiempo que duró la construcción viví más con los ojos cerrados que con los ojos abiertos.

Este mismo principio espiritual es válido para cada situación. Si usted mira a sus circunstancias con sus ojos físicos, y vive por sus sentidos, Satanás lo destruirá con miedos y terrores. Pero si usted cierra los ojos, y mira a Dios, entonces puede creer.

Hay dos clases de conocimientos: conocimiento sensorial y conocimiento revelacional. Debemos vivir por el conocimiento que nos trae la revelación, que hallamos desde Génesis hasta Apocalipsis. No por nuestro conocimiento sensorial, de los sentidos.

Debemos enseñar a los cristianos a perder el miedo que le tienen a las circunstancias y al medio ambiente. Si ellos no lo hacen, nunca podrán desarrollar su fe. Dios no puede manifestarse a través de ellos. Pídales que sometan sus temores a Dios, y enséñeles a poner su fe solamente en el Señor y su Palabra.

Mucha gente vive víctima de complejos de inferioridad, y por eso se hallan trabados y frustrados. El complejo de inferioridad es el tercer pecado que discutiremos.

Si las personas sienten que son inferiores porque viven en un barrio muy miserable, usted no puede sacarlos de allí. Quizás fracasaron en sus negocios, y se han resignado a vivir siempre en bancarrota. Mientras mantengan esta actitud, no podrá ayudarlos. Debe pedirles que entreguen al Señor ese complejo de inferioridad, y que se reconstruyan a sí mismos por el poder de Dios.

Un día un chico de la escuela primaria mató al hermanito menor con un cuchillo. La noticia causó inmediata sensación. Los padres habían amado al chico muerto con demasiado fervor. Lo alababan constantemente en presencia del hermano mayor. El hermano mayor comenzó a sentirse despreciado, inferior al otro. Un día, cuando los padres habían salido de casa, al regresar los chicos de la escuela, el mayor mató al menor. Un complejo de inferioridad es verdaderamente destructivo.

Una vez sufrí un complejo de inferioridad. Después de luchar durante dos años en mi primera obra, la iglesia comenzó a crecer. Pero era una iglesia muy ruidosa, una verdadera iglesia pentecostal. Mucha gente recibía el bautismo en el Espíritu Santo, y mucha gente se sanaba de sus enfermedades. Un día me llamó el ejecutivo principal de nuestra denominación. Por ese tiempo ellos estaban a mitad de camino entre los pentecostales más ardientes y los presbiterianos más flemáticos.

Me preguntaron: —¿Está usted realmente orando por los enfermos y estimulando a la gente a hablar en lenguas en los servicios?

—Sí —repliqué.

—Usted es un fanático —me respondieron.

—Yo no soy fanático. Estoy haciendo las cosas conforme a la enseñanza bíblica —me defendí.

Después de discutir un tiempo sobre el asunto, me quitaron la licencia de ministro y me despidieron. Me habían echado de mi propia denominación. Después vino el misionero John Hurston y me hizo volver.

Cuando me echaron me llené de complejos de inferioridad. Esos complejos me produjeron un sentimiento de autodestrucción. Durante bastante tiempo estuve librando una dura lucha por este problema.

Cuando los miembros del Comité Ejecutivo me despidieron, no tuvieron en cuenta que yo había sido Superintendente General de la denominación. Este es un cargo que mantuve hasta recientemente. Cuando me eligieron por primera vez, nuestra denominación tenía apenas 2.000 miembros. Por aplicar las leyes de la fe, y enseñarla a los pastores, experimentamos un rápido crecimiento. Cuando debí presentar la renuncia al cargo, el censo revelaba que teníamos más de 300 iglesias organizadas, y una membresía superior a 200.000 miembros.

Debemos tratar con aquellos que se sienten incapaces de vencer en la vida. Debemos sacarlos de su depresión y su pesimismo, edificarlos en el amor de Cristo, e impartirles fe, diciéndoles que todo es posible para aquellos que tienen fe. Debemos curarlos de sus complejos, edificarlos en la Palabra de Dios, y poco a poco saldrán de su estado de postración.

Un domingo por la mañana estaba predicando en el segundo servicio, cuando vi entrar a un hombre, enfermo mental. Lo traían con sus manos y pies atados. En ese domingo estábamos haciendo rogativas para que se terminara felizmente la quinta etapa de la construcción. Mucha gente estaba llenando tarjetas de promesa. Cuando le dieron a este hombre una de esas tarjetas, la llenó con sus manos atadas, y escribió cien dólares como promesa.

Su esposa se rio cuando vino uno de los diáconos a recoger la tarjeta. —No le haga caso —dijo— está malo de la cabeza.

Pero después del servicio, cuando lo fui a ver, estaba completamente sano por el poder del Espíritu Santo. Estaba de nuevo en su sano juicio, plenamente consciente de lo que hacía y decía. Había estado sufriendo de un profundo complejo de inferioridad.

—Yo tenía una fábrica de fertilizantes —comenzó a contarme— pero fui a la quiebra, y quedé sumido en grandes deudas. Me afligí tanto que la mente se me extravió. Me internaron en un hospital psiquiátrico, y me dieron una serie de *electroshocks*. Pero nunca me curaron.

Pero mientras estaba sentado allí, oyendo sus palabras, súbitamente salí de mi estado mental, y fui consciente de la realidad. He perdido mis amigos, mi prestigio y mi crédito. Tengo una montaña de deudas. No puedo hacer nada. No tengo nada.

—Usted es algo —le dije—, usted no es inferior. Usted vino hoy a Cristo, y ahora el poder de Cristo, y todos sus inagotables recursos residen en usted. Usted va a ser usado por Dios. Usted no es inferior, porque es hijo de Dios. Levántese victoriosamente. Usted tiene todo el poder y los recursos de Dios habitando en usted, esperando sólo que sean liberados.

—¿Qué clase de trabajo puedo hacer? —me preguntó.

—No lo sé —repliqué—, pero siga leyendo la Biblia y orando.

Un día volvió lleno de entusiasmo. —Pastor, he leído un versículo de la Biblia que dice que somos la sal de la tierra. ¿Qué le parece si entro en el negocio de vender sal al menudeo?

—Si usted cree en eso, ¡Adelante! Vaya y venda sal al menudeo.

Se fue y comenzó a vender sal en pequeña escala. Pagó sus diezmos. Pagó la promesa que había hecho. Y se regocijaba mucho en el Señor. Dios empezó a bendecirle, y su negocio de sal prosperó mucho. Con el tiempo edificó una gran bodega a la orilla del río, donde colocó un capital de 50.000 dólares en sal.

Pero una húmeda noche de verano llovió torrencialmente. El río se desbordó, y a la mañana toda la zona estaba inundada. La bodega del hombre también se inundó, y sentí preocupación. Por la tarde, cuando dejó de llover, corrí a la bodega.

Otros artículos y mercaderías pueden recuperarse después de una inundación, pero la sal es muy amiga del agua. Cuando entré a la bodega no quedaba allí ni un grano de sal. Este hermano, que ahora es anciano de la iglesia, estaba sentado en medio de su negocio, cantando y alabando a Dios. Me dirigí hacia él pensando que se había vuelto loco de nuevo. Cuando estuve cerca le dije: —¿Se encuentra bien, hermano, o se ha vuelto loco otra vez?

—Pastor, estoy perfectamente bien —dijo sonriente—. No estoy loco, no se preocupe. He perdido todo. Dios se lo llevó, pero como usted siempre dice, yo tengo todos los recursos aquí. El agua puede llevarse mi sal, pero no puede llevarse todos los recursos de la presencia de Dios en mí. Por la oración, y la fe, puedo hacer brotar esos recursos vez tras vez. Usted espere, deme no más un poco de tiempo, y voy a levantar mis negocios otra vez.

Ya no sufría de ningún complejo. Vivía lleno de confianza. Hoy en día es un hombre multimillonario, y sigue vendiendo sal. También ha comenzado a fabricar relojes, y tiene su propia compañía. Me ha acompañado en viajes a Los Angeles, Vancouver y Nueva York. Recientemente ha hecho un viaje por Europa.

Este hombre es un ejemplo perfecto de como es posible librar a la gente de sus complejos de inferioridad, haciéndoles entender que ellos tienen a su disposición todos los recursos de Dios, y que pueden extraer y ponerlos a trabajar para ellos por medio de la fe.

Mucha gente sufre de complejos de culpa. Este es el cuarto problema que debe ser superado antes de que los cristianos puedan trabajar activamente con Dios y para Dios. Porque mientras usted esté sufriendo algún complejo de culpa, Dios no puede fluir libremente a través de su vida. Por eso es necesario ayudar a la gente a librarse de esos complejos y sentimientos deprimentes. Necesitamos hacerles entender que si están bajo la carga de una conciencia culpable, o bajo la depresión que produce el haber cometido un pecado, deben venir al Señor Jesús y pedirle que los limpie y libre completamente.

Un día me hallaba en mi oficina cuando vino a verme una pareja joven muy distinguida. El caballero era hombre fino y elegante, y la señora, realmente hermosa. Pero esta mujer, aunque no tenía más de 30 años, se veía vieja, demacrada, debilitada. Estaba tan débil que apenas podía levantar los párpados.

El esposo me dijo: — Pastor, mi esposa se está muriendo. Hemos probado de todo, psicología, psiquiatría, y toda clase de medicina interna y externa imaginable. Soy un hombre rico. He gastado miles de dólares en ella, pero los médicos no pueden hacer nada. Ya no nos dan ninguna esperanza. Hemos oído que usted ayuda a mucha gente que tiene problemas, y los ha sanado y hemos venido a verle.

Le dije que sí, que con la ayuda de Dios había sanado a muchos. Miré a la señora, pidiendo al Señor sabiduría

y discernimiento para esta ocasión especial. Silenciosamente, oré: — Señor, ella ha venido aquí. ¿Qué puedo
hacer por ella?

Le pedí al esposo que saliera de la habitación y nos
dejara solos. Entonces, dirigiéndome a la dama le dije:
— Señora, ¿desea usted vivir? Usted necesita vivir, por
razón de su marido a lo menos. Si usted se fuera a
morir, ya lo hubiera hecho hace tiempo, pero usted
tiene tres niños ahora. Si usted se muere ahora, dejando a su esposo y sus tres hijitos, arruinaría por
completo la vida de ellos. Sea que nade o se hunda,
usted tiene que vivir por su esposo y sus hijos.

— Me gustaría vivir — dijo ella.

— Yo puedo ayudarla — le dije —, pero con una
condición. Usted debe contarme todo su pasado.

Ella se puso de pie con ira en los ojos y me gritó:
— ¿Estoy en una estación de policía? ¿Quién se cree
que es usted? ¿Es usted un dictador acaso? ¿Por qué
me pregunta eso? No estoy aquí para ser interrogada, y
no voy a contarle nada de mi pasado.

— Entonces señora, no puedo ayudarla — le dije
calmadamente —. Si usted no me cuenta nada, entonces voy a pedir a Dios que me revele qué cosas
oculta usted en su pasado.

Ella se turbó, y sacando un pañuelo de su bolso
comenzó a llorar. Después de un largo sollozo me dijo:
— Señor, le voy a contar cosas de mi pasado, pero no
creo que esto sea el problema.

— Sí, eso es — le dije — eso es la causa de su problema.

— Mis padres murieron cuando yo era una jovencita,
y prácticamente crecí en casa de mi hermana mayor.
Ella fue como una madre para mí, y mi cuñado igual
que un padre. Ellos cuidaron de mí maravillosamente,
y viví con ellos todo el tiempo que asistí a la escuela
secundaria y cuando fui a la universidad.

Cuando estaba en el tercer año de universidad, mi hermana fue al hospital para dar a luz a su último niño. Durante ese tiempo me hice cargo de la casa y de los niños. Casi sin darnos cuenta de lo que estaba sucediendo, mi cuñado y yo nos enamoramos el uno del otro.

No sé qué fue lo que me sucedió, pero caímos en una relación inmoral. Entonces el complejo de culpa invadió fuertemente mi corazón. A partir de ese momento me sentía morir por la carga de esa culpa. Mi cuñado me llamaba por teléfono desde su oficina, y nos veíamos continuamente en hoteles, moteles y hosterías.

Fui al hospital varias veces, siempre para tener abortos, y ni aún así tenía fuerzas para resistir a las demandas de mi cuñado. Vivía con el terror mortal de que mi hermana se enterase. Mi cuñado me intimidaba con eso, y yo me iba destruyendo.

Cuando me gradué de la universidad decidí casarme con el primer hombre que me hablara de amor y me propusiera casamiento. Encontré enseguida trabajo, y el joven que ahora es mi esposo, me pidió que me casara con él. No me preguntó nada acerca de mi pasado. Yo lo acepté, para poder escaparme de mi cuñado.

Nos casamos, y al poco tiempo comenzó a prosperar. Dejó el empleo que tenía e inició su propio negocio. Ahora es un hombre rico. Tenemos una hermosa casa, dinero, de todo.

Pero desde el día que caí con mi cuñado, he estado sufriendo de este tremendo sentimiento de culpa. Cuando mi esposo me hace el amor me siento como una prostituta, porque no tengo derecho de recibir ese amor. Lloro amargamente dentro de mí. Mis hijos son como ángeles, vienen a mí, me abrazan, y me dicen "mamá". Y yo me odio a mí misma. Sé que soy una prostituta. No soy digna de recibir esa clase de amor de mis hijos. No deseo ni ver mi cara en el espejo. Es por eso que no me hago maquillaje ni me arreglo como debiera. He perdido el gusto por todo, y no tengo ninguna felicidad ni ninguna alegría en mi corazón.

—Usted debe perdonarse a sí misma —le dije—. Tengo buenas noticias para usted. Jesucristo vino y murió por usted y por sus pecados en la cruz.

—Ni aun Jesús puede perdonar mis pecados —dijo llorando. Mis pecados son muy grandes y muy profundos para ser perdonados. He hecho de todo. Cualquiera puede ser perdonado, pero yo no. He traicionado a mi hermana, y no puedo confesarle lo que he hecho contra ella. Eso sería destrozar completamente su vida.

Silenciosamente acudí al Señor: —¡Oh, Señor! ¿Cómo puedo ayudarla? Tú tienes que ayudarme a mí.

Oí una suave voz dentro de mí, y súbitamente surgió una idea.

—Hermana, cierre sus ojos —le dije.

Yo mismo cerré los ojos para invitarla a ella a hacerlo.

—Vayamos juntos ahora hasta un bello y tranquilo lago. Usted y yo estamos sentados en la orilla, y allí hay muchas piedras. Yo tengo en mi mano una piedra pequeñita. Por favor, tome usted una piedra bien grande. Ahora, arrojemos ambas piedras al lago, la mía pequeñita, y la suya, bien grande.

Primero lanzo la mía. Arrojo mi piedra al lago. ¿Oye usted su sonido? Un leve murmullo y unas pequeñas ondas. ¿Dónde está la piedrita ahora?

—Se ha ido al fondo del lago —dijo ella.

—Correcto —respondí—. Ahora le toca a usted. Arroje su piedra. Sí, usted misma la tira. Bien. Ahora que usted ha tirado su piedra al lago, ¿hizo ella un pequeño ruido?

—No. Hizo un gran ruido y una gran ola.

—Pero, ¿dónde está su roca ahora? —le pregunté.

—Se ha ido al fondo del lago —replicó ella.

—Bien, parece entonces que tanto mi pequeña piedra como su gran roca, ambas se han ido al fondo del lago cuando las arrojamos. La única diferencia fue el sonido y la onda. La mía hizo simplemente ¡plop!; la suya hizo ¡bum!. La mía levantó una pequeña onda, la suya una muy grande. La gente se va al infierno por pecados muy pequeños tanto como por pecados muy grandes, porque todos viven sin Cristo. ¿Cuál es la diferencia? El sonido y su influencia en la sociedad. Todos necesitamos ser perdonados por Jesucristo. La sangre de Jesucristo limpia de todo pecado, grandes y pequeños.

Mis palabras llegaron a su alma, y despertó a la verdad.

—¿Eso significa que mis pecados pueden ser perdonados por Dios?

—Por supuesto que sí —repliqué.

Ella se hundió en la silla, llorando y estremeciéndose. Traté de consolarla y alentarla, pero ella siguió llorando y llorando. Puse mi mano sobre la de ella, y la guié en la oración del pecador arrepentido.

Poco después cuando ella levantó su rostro, pude ver en sus ojos el brillo de las estrellas, y la gloria de Cristo comenzando a resplandecer en su rostro. Se puso de pie y exclamó:

—¡Pastor, estoy salvada! ¡Todas mis cargas han sido quitadas!

Yo empecé a cantar y ella empezó a danzar. Jamás antes había danzado de alegría delante del Señor, pero esta vez saltó y danzó, batiendo palmas. Su esposo oyó el ruido y entró corriendo. Cuando ella lo vio corrió hacia él y se echó a su cuello. Nunca lo había abrazado de esa manera, y el esposo no salía de su asombro.

—¿Qué es lo que usted ha hecho con ella? —me preguntó.

—Dios ha hecho un milagro —contesté alegremente.

Bien pronto ella se vio libre de todos sus sentimientos de culpa. El poder del Señor vino sobre ella y fue sanada radicalmente.

Este matrimonio sigue asistiendo fielmente a la iglesia. Cuando miro el rostro de esta dama, tengo que recordar el amor de Jesús. ¿Cuándo fue ella sanada y liberada? Cuando quitó esa obstrucción de sus sentimientos de culpa, y el poder de Dios corrió libremente a través de ella.

Hermanos y hermanas en Cristo, ustedes tienen el poder de Dios morando en ustedes. Ustedes pueden recurrir a ese poder para sus gastos, sus vestidos, sus libros, su salud, sus negocios, ¡para todo!

Cuando salen a predicar el evangelio, no salen a predicar un vago objetivo, una teoría, una filosofía, o una religión humana. Ustedes están enseñando a la gente como destapar el manantial inagotable de los recursos morales y espirituales.

Ustedes están dando a la gente a Jesús, y por medio de Jesús, Dios viene para habitar en sus corazones.

Nos agradaría recibir noticias suyas.
Por favor, envíe sus comentarios sobre este libro
a la dirección que aparece a continuación.
Muchas gracias.

Vida@zondervan.com
www.editorialvida.com